LOUISON
D'ARQUIEN.

CORBEIL. — IMPRIMERIE DE CRÉTÉ.

LOUISON
D'ARQUIEN

PAR

CHARLES RABOU,

L'UN DES AUTEURS DES CONTES BRUNS.

PARIS.
DUMONT, LIBRAIRE-ÉDITEUR,
88, PALAIS-ROYAL.

1840.

PREMIÈRE PARTIE.

I

Au commencement du carnaval de l'année 1662, le sieur Lescalopier, qui était marchand gantier en la ville de Grenoble, vint à Paris pour y achever un mariage que quelques uns de ses amis avaient arrangé pour lui.

De loin, l'affaire lui avait paru parfaitement convenable; il en fut autrement quand il vit les choses sur place, et qu'il s'agit de terminer.

D'abord, suivant l'usage, la future se trouva beaucoup moins belle qu'on ne le lui avait dit ; puis il crut s'apercevoir, en la pratiquant, que son humeur n'était ni aussi douce ni aussi égale qu'on pouvait la désirer dans la compagne de toute sa vie. Plusieurs difficultés s'élevèrent en outre, touchant le règlement de la dot, et il y a tout à parier que, dans ces contestations, les torts n'étaient pas du côté de Lescalopier, qui avait au contraire la réputation d'être, dans les affaires, un homme loyal et de facile composition. Bref, sans qu'on en fût venu à une rupture, des deux parts on s'était singulièrement refroidi sur ce mariage, et il y avait au moment où commence notre histoire de grandes raisons pour qu'il ne se fît pas.

Il fallait se décider cependant, car Lescalopier parlait d'intérêts très-pressans qui le rappelaient impérieusement chez lui. D'un autre côté, on était aux approches du carême, et pendant ce saint temps d'abstinence et de mortification, l'Église est dans l'usage de ne célébrer aucun mariage, à moins de faire payer très-chèrement des dispenses qu'elle n'accorde d'ailleurs qu'avec de grandes difficultés. Par le fait donc, pour peu qu'on ajournât encore l'union projetée, on la renvoyait après pâques. Or, dans la situation d'esprit où se trouvaient les parties, leur laisser encore six semaines de réflexion, c'était évidemment vouloir que tout avortât. Par ces considérations, les personnes qui s'étaient d'abord entremises dans l'affaire, et qui ne voulaient pas en avoir le démenti, provoquèrent chez le notaire où devait se passer le contrat une sorte de conseil de famille qui tenterait un dernier effort pour concilier les parties. Le jour de cette réunion fut fixé à lundi de la septuagésime, qui est, comme chacun sait, le troisième dimanche avant les cendres. En supposant que l'on vînt à conclure ce jour-là, le délai de quinzaine qui courait jusqu'à l'ouverture du carême était à peine suffisant pour la publication des bans.

Une arrière-pensée de rupture existant au fond de toutes ces négociations, on comprendra facilement que Lescalopier ne se montrât pas amant très-empressé. Au lieu de passer tout son temps auprès de sa future, comme aurait fait un homme qui en eût été sérieusement entêté, volontiers il cherchait sa récréation ailleurs, courant avec ses amis les bals, les spectacles et autres lieux de plaisir, le tout pourtant dans la limite du décent et de l'honnête, et sans qu'on pût reprocher à sa conduite et à ses mœurs aucun déréglement.

Précisément la veille du jour fixé pour la conférence finale dont nous avons parlé, Lescalopier avait été invité de passer la soirée chez un riche bourgeois de la Vieille rue du Temple; et, comme on l'eut averti qu'il y aurait beaucoup de monde, que l'on danserait, et qu'on serait le bien-venu en masque, étant de sa nature plaisant et jovial, il eut l'idée d'un déguisement assez original, et qu'il lui sembla devoir amuser la compagnie.

Quelque temps auparavant, allant chez un tailleur du roi qui était de ses amis, il l'avait trouvé occupé à disposer plusieurs habillemens pour le ballet de la *Naissance de Vénus*, qui fut dansé au Louvre vers cette époque. Entre ces habillemens, il avait surtout remarqué un costume de Glaucus, fils de Neptune, et s'était dit qu'un homme ainsi accommodé ne pouvait manquer d'être des mieux accueillis dans une réunion de masques. Aussitôt donc qu'il eut été convié pour cette fête de la Vieille rue du Temple, il s'en alla chez le tailleur, et le pria de lui confectionner un costume pareil à celui dont il avait gardé un si agréable souvenir. Nous dirons d'ailleurs, à la décharge de Lescapolier, dont on pourrait accuser la prodigalité, en le voyant, simple négociant, essayer d'imiter la cour, que la dépense de cet habit fut très-peu de chose, attendu qu'on y employa des étoffes beaucoup moins coûteuses que celles qui avaient servi pour les plaisirs du roi, et que le tailleur, en raison de leur connaissance, ne voulut presque rien prendre pour la façon.

Lescalopier ne s'était pas trompé dans son calcul, quand il avait pensé que son déguisement serait de quelque effet. Dès son entrée dans le bal, il devint l'objet de l'attention générale, et il n'y eut qu'un cri sur la singularité de son costume, qui représentait pour tous un dieu marin au naturel.

Outre une vaste perruque à cheveux bouffans, qui, selon la mode de l'époque, lui descendait en boucles jusque sur les épaules et était artistement entrelacée de roseaux, le fils de Neptune portait une belle barbe rousse et limoneuse du plus imposant effet. Des pieds jusqu'à la tête, il était revêtu à cru d'un tissu de fine laine qui, dessinant scrupuleusement toutes ses formes, lui donnait l'apparence d'un homme entièrement nu. Et vous remarquerez, s'il vous plaît, jusqu'où avait été porté le soin de l'imitation ; car ce tissu avait été légèrement teinté de vert, de manière à figurer la nudité livide et verdâtre d'un être qui était censé passer tout son temps dans les demeures humides et marécageuses de l'empire des ondes. Pour la décence, un morceau d'étoffe rose, artistement plissé en la forme d'un coquillage, avait été chastement fixé au lieu où, dans les statues, se place la feuille de vigne. Vous ajouterez, comme accessoire, un aviron peint d'un beau bleu céleste que le dieu tenait de la main droite ; et à ses pieds de riches souliers de velours violet, ornés de talons rouges de la plus grande hauteur qui se portât alors. Enfin, vous compléterez la perfection du personnage en vous représentant, dressée et chevillée au bas de ses reins, une ample queue à écailles resplendissantes, ayant la même forme que les peintres et les sculpteurs ont accoutumé de prêter aux queues de dauphin. Ce bizarre ornement servait en outre à

Lescalopier, qui se tournait exprès dans tous les sens, à frapper follement de droite et de gauche ceux qui se trouvaient à portée. Chacun de ces coups excitait dans l'assemblée un fou rire ; car ils avaient le mérite de faire beaucoup de bruit et très-peu de mal, la queue qui les distribuait étant formée d'un innocent assemblage de vessies de porc qu'on avait gonflées de vent.

Après avoir pendant quelque temps amusé la compagnie de ces plaisantes impertinences, Lescalopier voulut faire montre d'un plus ample savoir-faire. Ayant formé autour de lui un grand espace vide, il commanda aux violons de jouer et se mit à danser très-prestement une *entrée à la marinière*. Il réussit à merveille dans ce pas qui demande surtout de la souplesse et de l'agilité, et quelques unes de ses poses furent trouvées d'un comique si réjouissant, que de toute part on battit des mains. Mais il sut couronner cette campagne par une bouffonnerie encore plus divertissante, car, ayant pris dans sa perruque, une épingle noire, il annonça d'une voix dolente que l'heure était venue pour lui de baisser pavillon devant les dames, et qu'il allait commettre un suicide. En effet, donnant un coup de cette épingle dans sa queue de dauphin, il en laissa échapper tout le vent, et de fière et triomphante qu'elle était, il la fit devenir flasque, piteuse et pendante, ce qui prêta, comme on le pense, à une foule de plaisanteries de carnaval et toute s orte de joyeux propos.

Il laissa passer l'accès de gaîté que cette parade avait provoqué, puis, arrachant ce qui restait de cette queue en ruine, il montra bientôt que ce n'était pas seulement dans une intention d'être comique qu'il l'avait ainsi sacrifiée. Il lui restait à se faire voir dans la danse grave qui est vraiment le triomphe des danseurs consommés, et certes il n'eût pu tenter cette épreuve avec l'accompagnement du risible ornement qu'il portait au dos. Il ne s'en fut pas plus tôt délivré, qu'il alla prendre la fille de la maison et se mit à exécuter avec elle une *sarabande* de l'air le plus noble et le mieux appris. Quand ils eurent achevé et qu'il fut sur le point de reconduire sa danseuse à sa place, Lescalopier ôta son masque qu'il avait gardé jusqu'alors et se fit reconnaître; alors son nom courut dans l'assemblée, et plusieurs des femmes qui se trouvaient là et qui avaient ouï parler de ses projets de mariage et des difficultés qu'on lui faisait, ne purent s'empêcher de s'étonner en elles-mêmes qu'on marchandât un homme si aimable, et qu'on ne l'épousât pas de plain-pied !

II

Après avoir ainsi contribué aux plaisirs de la fête et avoir franchement pris sa part d'une collation qui fut servie, Lescalopier pensa à regagner son logis. Mais, à ce moment, il se trouva dans un grand embarras, les porteurs qui l'avaient amené et auxquels il avait dit de venir le reprendre lui ayant manqué de parole.

De la Vieille rue du Temple à la rue St-Victor où il logeait, la distance est fort considérable, et c'était surtout une rude entreprise que de la parcourir vêtu comme il l'était, à la légère et n'ayant aux pieds qu'une chaussure de bal. Il n'y avait cependant pas à penser ni pour or ni pour argent à se procurer un carrosse. Depuis le commencement de la soirée, une neige abondante n'avait pas cessé de tomber, et bien avant l'heure à laquelle ils avaient accoutumé de rentrer chez eux, tous les porteurs et cochers de louage avaient renoncé à tenir le pavé.

Voyant bien qu'il fallait prendre son parti, Lescalopier fit de nécessité vertu; il s'enveloppa du mieux qu'il put dans son manteau, et, tout grelotant, il commença à cheminer à travers les rues désertes et silencieuses, ayant en outre à redouter quelqu'une des mauvaises rencontres qui n'étaient que trop fréquentes dans Paris, la nuit, à l'époque dont nous parlons.

Il marchait depuis quelque temps, et, après avoir quitté la rue Saint-Antoine, il venait d'entrer dans la rue Geoffroy-Lasnier, quand il fut rejoint par un carrosse qui, roulant sourdement sur la neige, et rasant de fort près les maisons, ne lui laissa que le temps de se ranger dans l'enfoncement d'une porte cochère pour éviter d'être foulé aux pieds des chevaux. Lescalopier commença par maugréer en lui-même le cocher qui, à une heure où la voie publique était entièrement libre, trouvait le moyen d'en disputer sa part à un pauvre piéton attardé; puis, presque aussitôt, l'imagination d'une vengeance assez plaisante lui vint à la pensée. La voiture allait dans le même sens que lui, et il remarqua qu'il n'y avait pas de laquais derrière : cette place pouvait donc être facilement usurpée par lui. Il n'était pas sans doute à espérer que la commodité improvisée de ce véhicule le mènerait jusqu'à la porte de son logis, mais ce qu'il ferait ainsi de chemin serait toujours autant de gagné, et en outre il aurait eu le plaisir de se procurer ce soulagement aux dépens des chevaux qui avaient mis sa vie en danger. Par toutes ces considérations, Lescalopier, qui d'ailleurs, à l'heure qu'il était, se savait bien sûr de n'être vu de personne, se décida à faire comme les enfans des rues; courant après le carrosse, il s'installa sur le gaillard d'arrière, et se laissa ainsi voiturer jusqu'au moment où un changement survenu dans la direction dudit carrosse le forcerait de faire divorce avec lui.

La spéculation n'était vraiment pas mauvaise, car, après avoir parcouru la rue Geoffroy-Lasnier dans toute sa longueur, le cocher, longeant la Seine, suivit le quai des Ormes, traversa le pont Marie, l'île St-Louis dans sa largeur, ce qui était toujours le chemin du voyageur de contrebande, puis, au pas des chevaux qui la gravissaient à grand'peine, il commença à monter la raide chaussée du pont de la Tournelle. — Une heure trois quarts sonnait en ce moment à Notre-Dame, et les autres horloges du quartier ne tardèrent pas à lui faire écho.

Arrivé vers le milieu du pont, que pas une créature vivante ne traversait alors, le carrosse s'arrêta. Croyant que sa présence avait été remarquée, Lescalopier s'empressa de mettre pied à terre, afin de ne pas être pris en flagrant délit de maraude. Presqu'au même moment le cocher descendit de son siège ; mais, au lieu de se diriger vers le derrière de la voiture, gagnant la portière qui faisait face au côté du pont par lequel la rivière prend son courant, il abattit le marche-pied et parla à voix basse aux personnes qui occupaient le dedans du carrosse.

Un instinct qui, durant la nuit, quand tout autour de nous est silence et solitude, nous fait soupçonner un danger dans toute circonstance que nous ne nous expliquons pas parfaitement, engagea Lescalopier à se tenir sur ses gardes et à ne se point montrer. Se blottissant de son mieux près de la roue de derrière, du côté opposé à celui par lequel il lui sembla qu'on se préparait à descendre, il attendit ce qui allait suivre. — Deux hommes enveloppés de manteaux mirent pied à terre, après quoi ils tirèrent du carrosse un paquet probablement assez lourd, puisqu'il fallut que le cocher les aidât à le porter. Ainsi chargés, ils montèrent le trottoir, regardèrent rapidement si personne ne venait de l'un ou de l'autre bout du pont, puis, soulevant l'objet informe qu'ils avaient dans les mains, jusqu'à la hauteur du parapet, ils le laissèrent tomber dans la rivière. — A ce moment et avant que le bruit de sa chute retentît dans l'eau, Lescalopier crut avoir entendu un sourd gémissement.

III

Selon tout apparence, un crime venait de se commettre : à la place de Lescalopier, bien des gens se seraient dit qu'ils n'avaient rien à y voir. Se représentant aussitôt tous les inconvéniens et tous les dangers auxquels on s'expose trop souvent dans notre société corrompue, en s'y rendant coupable de quelque bonne action, ils auraient regardé que dans cette ténébreuse rencontre leur intervention n'était nullement commandée par leur intérêt. Ceci les eût décidés à suivre tranquillement leur chemin, et franchement nous n'oserions pas soutenir qu'il n'eût pas été sage à eux de prendre ce parti.

Mais, pour Lescalopier, il était incapable d'une pareille prudence ou d'une inspiration si égoïste, comme on voudra l'appeler. Vivement ému de la scène de meurtre dont il venait d'être témoin, il ne crut pas, dans l'entraînement de son bon cœur, pouvoir en demeurer spectateur inactif; et s'il hésita en quelque chose, ce fut seulement touchant la question de savoir la manière dont il s'y entremettrait.

En remontant derrière le carrosse qui s'éloignait rapidement, et en se faisant conduire jusqu'à l'endroit où les meurtriers s'arrêteraient, il se serait mis, selon toute apparence, en mesure de les reconnaître et de les désigner à la justice; mais, d'un autre côté le cri plaintif qu'il croyait avoir surpris lui laissait penser qu'un être vivant auquel une assistance immédiate devenait nécessaire était à quelques toises au dessous de lui, se débattant contre une mort affreuse : ce fut à la tâche la plus difficile et la plus laborieuse, à sauver la victime plutôt qu'à procurer le châtiment des bourreaux, que sa nature compatissante et dévouée s'arrêta.

Il se hâta de descendre sur la berge, et, à la lueur de cette réverbération lumineuse que même au milieu de la nuit la blancheur de la neige jette sur les objets, il commença à chercher des yeux une nacelle, mais il ne s'en trouvait point d'amarrée en cet endroit. Il se dit alors plaisamment à lui-même, ce qui prouvait un esprit très-présent même au milieu des rencontres les plus aventureuses, qu'il serait par trop étrange qu'un dieu marin fût retenu sur le rivage faute d'un bateau. Calculant d'ailleurs qu'il était bon nageur; que son costume était parfaitement convenable pour l'entreprise qu'il méditait, et qu'en mettant les choses au pire, il était tout au plus exposé à gagner un gros rhume, il n'hésita pas à entrer dans l'eau.

Après avoir nagé pendant quelques minutes, il eut à remercier la Providence, qui lui vint puissamment en aide dans son entreprise; car elle permit, par une grace toute particulière, que l'objet qu'il poursuivait remontât à la surface de la rivière et s'y maintînt pendant quelque temps. Il eut donc à le découvrir, à s'en emparer et à l'amener sur le bord beaucoup moins de peine et de péril qu'il ne l'avait d'abord imaginé.

Avant d'avoir pris terre, Lescalopier avait déjà acquis la certitude d'avoir conjecturé très-juste ; car, à travers l'enveloppe humide qu'il pressait de ses mains, il avait reconnu, à ne pas s'y méprendre, une forme humaine. Parvenu à tirer sur le rivage la proie qu'il venait d'arracher au fleuve, il reconnut que le malheureux qu'on y avait précipité avait été enfermé dans un sac de toile grossière, pareil à ceux dont on se sert pour le transport des farines. Son premier soin fut de tâcher à en défaire les liens, afin de donner de l'air au noyé, qui devait en avoir un besoin extrême, à supposer que la vie ne l'eût pas encore abandonné. Mais les assassins, qui croyaient nouer pour l'éternité, ne s'étaient occupés, dans la façon dont ils serraient les cordons, que de les attacher solidement et de manière à ce qu'ils pussent résister aux efforts désespérés qu'avait dû faire la victime ; aussi, après avoir quelque temps travaillé tant de ses doigts que de ses dents, il ne tarda pas à reconnaître que, sans le secours d'un instrument tranchant, il ne parviendrait pas à ouvrir le sac et à en tirer le contenu.

Par le temps rigoureux qu'il faisait et dégouttant l'eau, Lescalopier ne devait pas être en humeur de délibérer long-temps : tournant donc la difficulté par un autre moyen, il prit le parti de charger, mort ou vivant, le noyé sur son épaule, et, alongeant le pas du mieux qu'il put, il se remit en marche vers son logis.

Durant le trajet qu'il avait à faire, il était exposé à une très-mauvaise chance, à savoir celle de rencontrer le guet, qui, le trouvant au milieu de la nuit occupé à voiturer par les rues un cadavre ou quelque chose d'approchant, l'aurait certainement mis en la nécessité de rendre compte de son aventure à la justice. Or, celle-ci est sujette à des bévues étranges, et dans la circonstance, il n'y aurait eu rien de bien impossible à ce que, trompée par les apparences, elle ne prît le sauveur pour le meurtrier. Ou ce danger ne vint pas à la pensée de Lescalopier, ou, courageux et dévoué qu'il était, il ne s'y arrêta pas. L'évènement prouva, du reste, qu'il avait bien fait de ne pas en tenir compte, car un quart d'heure plus tard, il était arrivé sans encombre à la porte de son auberge, où il s'annonçait par plusieurs coups de marteau vigoureusement frappés.

Force lui fut toutefois de doubler et de tripler la dose, car le valet qui servait les voyageurs s'était enivré en attendant sa venue, et ce ne fut qu'après une assez longue attente que Lescalopier parvint à le tirer du pesant sommeil que le vin lui avait procuré. Venant enfin ouvrir tout chancelant et mal éveillé, cet homme n'eut garde du vent qui s'engouffra dans l'allée de la maison aussitôt que la porte eut tourné sur ses gonds, et il laissa éteindre la chandelle qu'il portait. Lescalopier lui ayant alors reproché sa maladresse, le butor lui répondit par des injures, et, regagnant aussitôt le taudis dans lequel il couchait, il laissa au pauvre locataire le soin de trouver la clé de sa chambre et de se procurer un flambeau.

Après avoir long-temps fourgonné dans la cuisine, où il cherchait, en pestant, le briquet, Lescalopier parvint enfin à se procurer une lumière, et, reprenant son précieux fardeau, qu'il avait déposé en un coin pendant ces embarrassantes perquisitions, il achava de le monter jusqu'à son logement. Réflexion faite, il se félicita que les choses eussent ainsi tourné, puisqu'il avait été par là dispensé de répondre aux questions que le valet n'aurait pas manqué de lui faire, en le voyant rentrer les vêtemens en désordre et amenant avec lui un hôte qui, selon toute apparence, eût été beaucoup plus convenablement logé en une fosse, au cimetière Saint-Médard, qu'en une chambre garnie, dans une auberge de vivans.

IV

Au moment d'ouvrir le sac, voyant qu'il ne découvrait dans son contenu, aucun mouvement, aucun signe d'existence, Lescalopier commença de s'inquiéter. Il pensa, s'en avisant toutefois un peu tard, qu'il n'était guère probable qu'un individu vivant dût se rencontrer là ! Plusieurs histoires tragiques de gens ainsi jetés à la rivière lui revinrent au même moment en la mémoire, et il se rappela qu'avant d'être ensachés, ils étaient presque toujours égorgés préalablement, quelquefois même coupés en morceaux. Un frisson lui courut par tout le corps, à l'idée qu'il allait peut-être avoir sous les yeux un pareil spectacle, et calculant, seulement alors, toutes les affreuses conséquences que la découverte de ce corps mort, faite dans sa chambre, pourrait avoir pour lui, il eut un instant la pensée de descendre dans la rue et de s'y décharger au coin d'une borne de l'effrayante responsabilité de ce dangereux dépôt. Toutefois la curiosité, sa bonté naturelle et une certaine honte vis-à-vis de lui-même, de donner à une aventure courageusement entamée un si pauvre dénoûment, le poussèrent à poursuivre; achevant donc sans plus hésiter de dégager l'inconnu de ce sanglant problème, le sac ayant été ouvert, il finit par se trouver en présence du corps d'une jeune et belle femme, qu'à la richesse de ses habits il jugea être d'une condition très-distinguée.

Voyant qu'aucune tache de sang ne se remarquait sur les vêtemens de la victime, Lescalopier recommença à penser qu'elle avait pu être jetée vivante dans la rivière, et, supputant le peu de temps qu'avait duré son immersion, il espéra que, privée seulement de l'usage de ses sens, elle pourrait se ranimer aux soins qu'il commença de lui prodiguer. L'ayant d'abord débarrassée de sa jupe et d'un corset très-fortement lacé qui devait difficilement permettre à la circulation de se rétablir, il l'étendit sur une couverture devant la cheminée, où il s'occupa d'allumer un grand feu. Achevant ensuite de la déshabiller complètement, il se mit à la frictionner en tous sens, avec un morceau de laine imbibée d'eau de *Coladon*,(1) préparation cordiale et spiritueuse fort renommée à cette époque, et dont il se trouvait heureusement, avoir une fiole en sa possession. Après avoir pendant quelque temps continué ce travail, durant lequel, il faut le dire à la louange du digne jeune homme, il ne fut pas visité même par l'ombre d'une pensée mauvaise, nonobstant la présence de nudités admirables, qu'il contemplait à plein et touchait de ses mains, il crut reconnaître qu'il avait rappelé dans le sujet un

---

(1) Coladon était un médecin de Genève, inventeur de ce cordial, auquel il avait donné son nom.

peu de chaleur, et qu'une légère teinte rosée commençait à colorer la pommette des joues. Cet imperceptible résultat ayant doublé son courage, il se reprit à frotter de plus belle, et fit si bien qu'au bout d'un quart d'heure, il vit un long soupir soulever la poitrine, et les paupières s'agiter.

Employant alors le cordial à l'intérieur, il en versa quelques gouttes dans la bouche de la malade; celle-ci, par un effet presque instantané du remède, commença à agiter les bras en les tordant convulsivement; une contraction nerveuse de tous les muscles de la face révéla un retour énergique de la force vitale; presqu'au même moment la ressuscitée ouvrit les yeux, et, se dressant sur son séant, elle promena autour d'elle un regard étonné.

Quelques secondes plus tard, ses sens mieux éveillés, elle parut apercevoir Lescalopier, qui, agenouillé près d'elle, observait avec une inquiète curiosité toutes les phases de la résurrection dont il était l'auteur; mais, à ce moment, l'aspect étrange que donnait à notre infirmier son costume de dieu marin, qu'il n'avait pas pris le temps de quitter, produisit dans la tête encore faible de la pauvre femme une singulière hallucination. Le souvenir de la tentative de meurtre dont elle avait été l'objet se mêlant à ses sensations confuses du moment, elle se figura avoir effectué son passage de cette vie dans l'autre; et, croyant voir dans celui qui la contemplait un affreux démon tout près de la livrer aux flammes de l'enfer que lui représentait le feu brillant dans la cheminée, elle fit un mouvement plein d'épouvante pour s'éloigner de lui.

D'abord Lescalopier pensa qu'elle le prenait pour un de ses meurtriers, et il essaya de la détromper. Mais, comprenant enfin, au désordre de ses paroles, sa bizarre imagination, il s'empressa de se débarrasser de sa perruque et de sa barbe qui, dans l'état de désordre où les avaient mises les différens travaux de sauvetage auxquels il s'était livré, devaient en effet lui constituer un extérieur des plus inquiétans. Ayant ainsi dépouillé sa divinité et apparaissant en la figure beaucoup plus humaine d'un simple marchand gantier, il eut plus de chances de se faire écouter.

D'ailleurs, à mesure que l'animation lui revenait, la malade acquérait des perceptions plus distinctes, et elle ne tarda pas à reconnaître qu'elle était dans un lieu à elle inconnu; mais situé encore dans la limite de notre monde; seulement, comment s'y trouvait-elle? comment avait-elle échappé à la mort? voilà ce qu'elle ne s'expliquait pas.

Après l'avoir engagée à prendre possession de son lit pour achever de s'y réchauffer et de se remettre, Lescalopier lui raconta comment il avait été témoin de l'horrible violence pratiquée sur sa personne, comment il s'était entremis pour la sauver, et la manière dont il avait été obligé de l'apporter jusque dans sa chambre pour lui donner les soins qui l'avaient rappelée à la vie. Après quoi, venant lui-même à l'interroger, il lui demanda par quel concours d'horribles circonstances elle avait été livrée aux mains de ses assassins; dans quel but et quel intérêt ils avaient commis leur crime, qu'il fallait, ajouta-t-il, s'empresser de dénoncer à la justice, ce dont, au reste pour son compte, il se chargeait.

Au lieu de répondre aux questions qui lui étaient adressées, la noyée parut exclusivement frappée de l'intention manifestée par Lescalopier de rechercher ses meurtriers.

— Oh! Monsieur, lui dit-elle, ce ne sont pas

gens que la justice puisse atteindre. La seule chose que j'aie à faire, c'est de me tenir si bien cachée, qu'ils n'aient nouvelle de mon existence, car ils ne manqueraient pas à venir me reprendre et m'achèveraient cette fois.

Lescalopier se récria vivement en entendant ces paroles : — Sommes-nous donc, se demanda-t-il, chez le Turc ou à Venise, pour qu'on puisse mettre ainsi une femme dans un sac et la jeter à l'eau sans avoir à en rendre compte ? — Il ajouta qu'il pensait un peu mieux de la justice de son pays, et qu'il faisait son affaire de poursuivre à outrance les coupables, si haut qu'ils fussent placés.

Il ne parut pas que les grandes assurances données par Lescalopier fissent beaucoup d'impression sur son interlocutrice, car elle refusa obstinément de rien expliquer de son aventure, disant seulement qu'elle était victime d'une vengeance féminine, ce qui pouvait aisément se reconnaître aux raffinemens de cruauté dont avait été assaisonné le meurtre. Quant aux acteurs de ce vilain drame, elle ne voulait pas, dit-elle, les faire connaître, de peur que l'emportement de son zèle ne poussât Lescalopier à quelque imprudence. — Ne sachant rien, continua-t-elle, vous ne serez pas entraîné à la folle entreprise de vous mesurer à des persécuteurs si puissans : vous n'y feriez rien que de leur apprendre que vous m'avez sauvée, et alors ce serait pour eux deux proies au lieu d'une, car, assurément, ils vous tueraient ainsi que moi.

Nous ne dissimulerons pas que cette discrétion obstinée parut étrange à Lescalopier, qui n'en trouva pas les raisons excellentes, et pensa qu'on lui montrait bien de la réserve après ce qu'il avait fait. Toutefois, comprenant que cette pauvre jeune femme était encore sous le coup de sa première épouvante, et que d'ailleurs, elle avait besoin de calme après toutes les émotions par lesquelles elle avait passé, il ne voulut point la pousser davantage. Lui faisant remarquer que, pour le moment, elle était parfaitement hors de péril, puisque personne au monde ne savait qu'elle fût en sa chambre ; il l'engagea, sauf à voir le lendemain le parti qu'il y aurait à prendre, à tâcher de reposer, ainsi que de son côté il allait le faire. Cela dit ; il ferma les rideaux du lit, remit du bois sur le feu, car l'âpre vent de bise qui soufflait au dehors avait ses grandes entrées dans cette chambre d'auberge qui était loin de présenter les aisances que nous trouvons dans les *garnis* d'aujourd'hui ; s'enveloppant ensuite dans son manteau, il s'étendit en un fauteuil, devant le foyer, et ne tarda pas à s'endormir de cet excellent sommeil que ne manquent jamais de procurer une grande fatigue et la conscience d'une bonne action.

V

Au moment où Lescalopier, ayant fini son œuvre, commença de s'assoupir, la nuit était déjà fort avancée; on ne s'étonnera donc pas que, le lendemain matin, il fût encore plongé dans un profond sommeil, quand plusieurs coups très-rudement frappés à la porte de sa chambre annoncèrent la présence d'un visiteur qui se montrait fort impatient d'être introduit.

Si le gantier eût pris le temps de réfléchir, probablement il n'eût pas ouvert, ne fût-ce que pour ménager la pudeur de sa compagne de chambre, qui ne devait pas avoir envie d'être exposée à la curiosité de tout venant. Mais, avant même qu'il fût parfaitement éveillé, un nouvel assaut, plus bruyant que le premier, ayant été donné aux ais mal joints de la porte qui n'en pouvait mais sur ses gonds, il se leva de très-mauvaise humeur, et ; tout en tournant la clé dans la serrure, il s'écria : *Quel est donc le belître qui frappe ainsi ?*

Il n'eut pas plutôt lâché cette parole qu'il la regretta, car, aussitôt la porte entr'ouverte, la figure de l'assaillant lui remit en mémoire une chose qu'il s'était donné le tort de complètement oublier, à savoir le rendez-vous qu'il avait ce matin-là chez le notaire pour conférer de son mariage ; or, celui qu'il venait de traiter si malencontreusement de belître n'était autre que son beau-père venu pour le lui rappeler.

Mais ce n'était pas seulement cette réception injurieuse que le pauvre garçon avait à se faire pardonner ; à cette époque les affaires se traitaient de grand matin, messieurs du parlement tenant eux-mêmes leur audience avant le jour; le rendez-vous auquel il avait donné les mains avait été pris pour huit heures, et chacun s'y était ponctuellement rendu; or, neuf heures venaient de sonner; c'était donc avec une impatience furieuse, amassée minute à minute, une heure durant, et pour lui faire querelle de sa désobligeante inexactitude, que son beau-père s'était présenté chez lui.

On comprend que le mot de bélître, si intempestivement employé, ne servit en rien à conjurer l'orage dont cet homme arrivait gros comme une nuée d'été; aussi entrant, le chapeau sur la tête, prenant de lui-même un siége avant d'y avoir été convié, et s'y installant d'un air tout menaçant :

— Morbleu ! Monsieur, commença-t-il à dire, vous pensez donc que je suis bien empêché de trouver sans vous, un mari à ma fille, que vous en usez de la façon que vous faites ?

La modestie de Lescalopier l'ayant fait se défendre de cette prétention :

— On pourrait croire cependant, continua le terrible beau-père, à voir vos façons, que vous vous tenez pour un de ces brillans partis après

3.

lesquels on court à perdre haleine, car il n'est pas d'impertinence que vous nous épargniez.

— Je n'ai, Dieu merci, répondit Lescalopier, l'usage d'être désobligeant avec personne ; il serait donc bien singulier que ce fût par vous, cher beau-père, que je voulusse commencer ?

— Vous me direz alors de quel nom je dois appeler la conduite d'un homme qui, pour régler ses intérêts, fait assembler toute une famille respectable, et ne daigne pas même venir au rendez-vous que lui-même a pris ?

— En tout, reprit avec douceur Lescalopier, il faut voir l'intention ; j'avoue que je suis en faute au sujet de notre rencontre chez le notaire : mais j'allai hier au bal ; il m'arriva des choses assez extraordinaires, et je me couchai presque avec le jour. Ce n'est pas, ce semble, un cas pendable que d'avoir dormi un peu plus tard que de raison.

Pendant que Lescalopier parlait, le beau-père avait jeté sur le désordre qui se pouvait facilement remarquer en la chambre un regard curieux ; aussi reprit-il ironiquement :

— Il y a à parier que vous prîtes grand plaisir

à ce bal, et que les bonnes fortunes ne vous manquèrent pas ?

Lescalopier ayant paru ne pas comprendre ce qu'on voulait lui dire :

— M. de Lescalopier, s'écria le beau-père en se levant pour sortir, vous nous prenez pour de plus grands sots que nous ne sommes, et je suis aise que vous m'ayez procuré l'occasion de voir ce que je vois. Croyez que ma fille ne sera jamais la femme d'un coureur de brelans et d'un débauché.

— Et où est donc la débauche d'aller au bal en une maison honnête ?

— Et d'en ramener une compagnie également honnête, n'est-il pas vrai, comme peut être celle d'une créature qui vient coucher chez un homme en chambre garnie ?

Devinant alors les injustes soupçons dont il était l'objet et que les vêtemens de femme, qu'il avait étendus devant la cheminée pour les faire sécher, justifiaient en effet, Lescalopier essaya de remettre les choses en leur vrai jour en entreprenant le récit de son aventure ; mais il avait affaire à un homme prévenu par le témoignage de ses yeux, qui ne voulut par même entendre une parole. Sortant plus furieux qu'il n'était entré, l'intraitable beau-père signifia à son gendre que désormais tout était rompu entre eux et voilà comment, pour avoir été de l'avis de Jean Lafontaine, qui ne veut pas que l'on dise : *Ce n'est rien, c'est une femme qui se noie*, Lescalopier perdit la sienne et fut rejeté dans le célibat.

Toutefois ce n'était là qu'un avant-goût des traverses que sa bonne action devait lui susciter. En descendant, le beau-père rencontra l'hôtesse à laquelle il fit compliment de la belle conduite de son locataire et des désordres qu'elle tolérait chez elle. Cette femme précisément se trouvait être une prude, de vertu chatouilleuse ; voyant mettre en doute la bonne tenue et la moralité de son auberge, elle voulut s'assurer du fait par elle-même et monta chez Lescalopier auquel elle reprocha aigrement le scandale qu'il causait dans sa maison.

Interpellé de cette façon, le gantier, que le procédé de son beau-père avait déjà assez mal disposé, répondit à l'hôtesse qu'elle eût à se mêler de ses affaires et qu'il était libre d'amener qui bon lui semblait dans la chambre dont il payait le loyer.

— Non pas certes, repartit cette sainte femme qu'une prétention semblable anima de la plus vive indignation, et je vous ferai bien voir que vous n'êtes pas ici chez un baigneur étuviste, où l'on peut à son aise mener la débauche de jour et de nuit. Ma maison est à l'image du *Grand Saint-Victor*, et placée sous la protection spéciale de messieurs de l'abbaye de ce nom qui me l'ont louée sous la clause expresse de n'y souffrir aucune chose contre les bonnes mœurs, et de n'y loger aucune femme de mauvaise vie.

Lescalopier lui ayant répondu en jouant sur le mot, qu'il n'y avait en son logis d'autre femme de mauvaise vie qu'elle-même, qui venait en faire une des plus diaboliques à ses locataires sans en avoir aucune raison, on comprend que la colère de la digne hôtesse fut portée à son comble; elle annonça qu'elle allait du même pas se plaindre à l'abbé de Saint-Victor, qui, après avoir fait mettre en lieu sûr la coureuse que Lescalopier avait en sa chambre, le forcerait lui-même à déloger.

Autre complication : quand la femme qui était dans le lit entendit les paroles de l'hôtesse, elle se leva en grand émoi, et, se hâtant de se vêtir, elle demanda avec anxiété à son sauveur s'il était dans l'intention d'attendre l'effet des menaces qui venaient de lui être faites. Lescalopier répondit qu'il n'y avait rien dans ces menaces qui dût les inquiéter, puisqu'ils n'avaient aucune chose à se reprocher, et qu'ils pourraient facilement se justifier dans le cas où l'on essaierait de leur faire un mauvais parti. — Seulement, ajouta-t-il, ma chère madame, il serait bon que vous ne vous montrassiez pas ce matin aussi discrète que vous le fûtes hier, car, si vous continuez à vouloir tenir caché le nom de vos meurtriers, notre rencontre est déjà si extraordinaire, qu'on la croira inventée à plaisir, et que nous ne trouverons aucune créance en la racontant.

— Aussi, répondit-elle, ne faut-il la raconter à personne, si nous tenons l'un ou l'autre à notre vie : le moindre bruit qui se fera de l'existence que vous m'avez conservée parviendra à l'oreille de ceux qui voulaient ma mort, et, je vous le dis encore, ils nous tueront tous deux.

— Mais au moins, pour que je sois juge de ce grand péril, ne pourriez-vous me faire, par quelque coin, confidence de votre aventure ; car c'est aussi mettre, avec un homme que vous avez quelque sujet de vous croire dévoué, par trop de discrétion.

—Mon Dieu! mon Dieu! s'écria avec un accent de désespoir la pauvre femme, pourquoi ne voulez-vous pas me croire, quand je vous dis que le secret le plus absolu peut seul nous sauver, et que c'est à me cacher et non à rechercher les autres qu'il faut mettre tout notre souci?

— A ce compte, reprit d'un air un peu piqué Lescalopier, vous êtes très-mal en sûreté ici, car on ne se cache pas facilement en une auberge; dites-moi alors où vous voulez que je vous conduise? Je ne vous parle pas de retourner à votre logis, où naturellement vous seriez bientôt éventée par vos persécuteurs; mais vous devez avoir une famille, des amis chez lesquels vous pouvez vous retirer; faut-il que je fasse venir un carrosse et que je vous mène en quelque lieu?

— Je n'ai ni parens ni famille à qui pouvoir me fier; je ne me connais de protecteur que vous au monde, et, si vous ne trouvez moyen de me soustraire à tous les yeux, autant valait me laisser mourir hier, le plus fort étant déjà fait.

En entendant ces paroles qui furent accompagnées de quelques larmes, et en voyant cette femme se cramponner à lui tout en voulant demeurer impénétrable, Lescalopier pensa en lui-même qu'il y avait dans cette affaire plus de mystère qu'un homme prudent ne devait aimer à en rencontrer; nous n'oserions même pas dire qu'il n'éprouvât pas alors quelque regret de s'y être embarqué. Mais, pour le moment, il fut dispensé de réfléchir touchant le parti qu'il avait à prendre, le valet de l'auberge lui ayant crié à travers la porte qu'il y avait dans la rue un homme qui demandait à parler à lui.

Ici la belle affligée servit au pauvre gantier, un nouveau plat de son métier; car, en entendant dire que quelqu'un avait affaire à lui, elle s'écria que, sans aucun doute, sa retraite ayant été découverte, on venait pour l'enlever; en foi de quoi elle fit mine de tomber en syncope. Lescalopier eut beau lui objecter qu'à moins d'être sorciers, ses assassins, qui avaient pris leur route d'un côté tout opposé à la sienne, n'avaient pu suivre leurs traces, ce ne fut qu'avec des peines infinies, et en l'inondant d'*eau de Coladon*, qui fut de nouveau mise en jeu, qu'il la décida à ne se point évanouir. Pour achever de la rassurer, il ouvrit la fenêtre et regarda dans la rue, afin de voir si la personne qui le demandait était de sa connaissance. S'étant trouvé que cette personne était le frère de la jeune fille qu'il avait dû épouser, il s'empressa de descendre, après avoir fait part à sa craintive compagne de cette rassurante découverte et lui avoir recommandé de se tenir enfermée jusqu'à son retour, en ayant soin de n'ouvrir qu'à lui.

VI

Le mariage de Lescalopier ayant paru, dès le commencement, ne pas devoir se mener à bien, nous ne sommes entré en aucun détail touchant la famille à laquelle il devait s'allier. Nous dirons cependant ici en quelques mots que cette famille, qui portait le nom de Dupuis, était d'une assez bonne bourgeoisie, le père de la demoiselle tenant l'office de greffier de la chambre de la marée (1).

Quant à son frère, que nous allons voir entrer en scène, il était chez le comte de Roussi, l'un des jeunes seigneurs les plus brillans de la cour, en qualité d'intendant. Ces fonctions le plaçaient dans la plus intime confiance de son maître, car il avait part à toutes ses affaires, ses galanteries comprises. Nous n'insisterons pas beaucoup pour établir la noblesse de son caractère, le rôle de complaisance absolue qu'il jouait auprès de son noble patron ne nous permettant guère de lui attribuer ce mérite; mais on ne pouvait lui refuser d'être un homme de résolution à toute épreuve; il était surtout décidé à beaucoup entreprendre quand il s'agissait de pousser sa fortune, laquelle, au reste, par les générosités du comte de Roussi, était déjà en fort bon chemin.

Sans se piquer d'une rigidité absolue de principe, Lescalopier n'était pas très-disposé à approuver qu'au lieu de se faire par son travail une vie indépendante, on préférât la domesticité d'un grand seigneur. D'ailleurs, quelques bruits fâ-

(1) C'était une chambre du parlement qui avait la police de tout le commerce du poisson qui se vendait à Paris; elle était composée d'un président et de deux conseillers.

cheux lui étaient revenus touchant de certains services délicats que son futur beau-frère rendait au comte de Roussi; aussi n'avait-il jamais montré pour sa personne un bien grand empressement, et la considération de cette parenté, quoiqu'il n'en eût jamais rien témoigné, était bien entrée pour quelque chose dans les hésitations qu'il n'avait cessé de montrer dans l'affaire de son mariage.

Par un instinct naturel que nous avons assez communément des gens qui ne nous veulent pas de bien, le jeune Dupuis avait conçu contre Lescalopier une aversion assez forte qui ne demandait qu'une occasion d'éclater. D'ailleurs, toute personne qui recherchait sa sœur en mariage était en général assez mal venue de lui, parce qu'il aurait désiré la voir entrer en religion, de façon à rester seul et unique héritier de la fortune paternelle. Il apprit donc avec une assez grande joie la détermination d'une rupture définitive avec le marchand de Grenoble; mais comme, d'un autre côté, il savait qu'on trouvait dans la famille ce parti assez sortable, et qu'au fonds les griefs qui avaient si fort ému son père ne lui paraissaient pas avoir une extrême gravité, il craignit qu'à la suite de quelques éclaircissemens les choses ne se renouassent, et il se décida de si bien envenimer la querelle, qu'il n'y eût plus aucune ressource d'accommodement.

Pour ce faire, calculant qu'un homme de commerce devait être assez facile à intimider, sous prétexte de venger l'insulte que Lescalopier était accusé d'avoir faite à sa sœur en se livrant, tandis qu'il la recherchait, aux déréglemens dans lesquels il avait été surpris, il résolut de venir le trouver avec des airs menaçans, et de lui faire de son épée une telle frayeur, que le pauvre gantier ne pensât qu'à vider les lieux au plus vite et à retourner dans le Dauphiné.

Il ne trouva pas toutefois à l'exécution de son plan toutes les commodités qu'il avait imaginées; car aussitôt qu'il eut commencé de se poser en vengeur de l'honneur de sa famille, Lescalopier, sans trop s'émouvoir, l'interrompit et lui offrit d'établir, d'une manière des plus concluantes, l'erreur dans laquelle son père était tombé. Cela dit, passant au meilleur argument qu'il pût employer pour justifier la vérité de ses paroles, il se mit à raconter son aventure de la nuit précédente, n'agissant pas peut-être en ceci avec toute la prudence convenable, eu égard aux recommandations de discrétion absolue qui lui avaient été faites par celle qu'il avait sauvée.

Mais comme s'il était écrit que tout ce qui aurait rapport à cette singulière rencontre serait pour le pauvre Lescalopier l'occasion d'un désagréable mécompte, il n'eut pas plutôt exposé son honorable dévoûment, que celui qui avait dû être son beau-frère, changeant de visage, pâlissant de colère, et, passant vis-à-vis de lui à une incompréhensible violence, l'accusa de vouloir le prendre pour dupe avec des histoires inventées à plaisir et où il se donnait un rôle que son manque absolu de courage rendait du dernier invraisemblable.

Comme on le pense bien, l'extrême dureté de ces paroles émut un peu le cœur généreux de Lescalopier, qui n'avait jamais donné à personne le droit de l'accuser de lâcheté; craignant de ne pas être maître de lui, il voulut sur l'heure rompre l'entretien; mais, au lieu de le laisser aller, Dupuis, animé d'une passion dont l'emportement devenait de plus en plus inexplicable, s'acharna à le mettre hors de lui; il lui dit qu'il était un faux brave, un pêcheur de filles de joie, un méchant plagiaire de contes à faire peur aux nourrices, qu'il avait ramassés dans quelques vieux livres, et pour lesquels il s'exposait à être châtié rudement, s'il entreprenait encore de les faire croire à des hommes sensés et ayant barbe au menton. Continuant toujours à se modérer par souvenir de la proche parenté qui avait été sur le point de s'établir entre eux, Lescalopier l'engagea à se retirer et à ne le point pousser davantage; mais ce furieux répondit qu'il était précisément venu pour voir ce qu'il fallait d'outrages à un poltron pour le faire sortir de sa nature; en même temps, se ruant hors de toutes les bornes : — Ceci, s'écria-t-il, parviendra peut-être à t'échauffer un peu le courage! et en même temps il frappa Lescalopier au visage, comme il n'eût certainement pas fait au dernier des valets.

Lescalopier ne manqua point pour cela à la modération qu'il était résolu de porter dans toute cette affaire. Ses forces physiques étaient telles, qu'il eût pu briser son adversaire sur place, s'il eût eu le goût d'une pareille vengeance; mais, quoique appartenant à la bourgeoisie, où les raffinemens du point d'honneur ne furent jamais portés si loin que parmi la noblesse, il ne voulut pas vider cette querelle à la manière des laquais, et il dit tranquillement au brutal qui venait de le frapper qu'il comptait bien avoir raison de cette insulte et le voir l'épée à la main. S'il en avait porté une comme son adversaire qui, pour être domestique d'un grand seigneur, tranchait du gentilhomme, leur rencontre eût pu avoir lieu à l'heure même en quelque ruelle écartée, comme cela se pratiquait souvent alors ; mais étant nécessaire qu'il se procurât des armes, et ne se souciant pas d'ailleurs de se battre sans second dans un temps où il avait été rendu tout nouvellement contre le duel des ordonnances sévères qui l'assimilaient très-facilement à l'assassinat, il dit à Dupuis qu'il le rejoindrait dans quelques heures, et prit avec lui rendez-vous au bout de la rue d'Enfer, devant le portail des Chartreux.

Tout en se rendant chez un de ses amis qu'il comptait prier de lui servir de second, Lescalopier se livrait à de certaines réflexions philosophiques qui étaient, certes, justifiées par l'enchaînement extraordinaire des choses qui, depuis la veille, lui étaient arrivées. Il pensait qu'il est bien vrai de dire que l'extrême joie touche de près à la tristesse, car c'était en sortant du bal où il s'était si follement livré au plaisir qu'avait commencé pour lui cette continuité de désagréables occurrences qui allait peut-être se couronner par une méchante fin. Venant de là à songer à cette femme qui avait été l'instrument dont la Providence s'était servie pour le précipiter dans cet abîme, il se livrait à une comparaison entre la bizarrerie de leurs deux étoiles, qui avait fait qu'elle, destinée à une mort certaine, en avait réchappé, tandis que lui, son sauveur, se trouvait en ce moment en danger de perdre la vie. Il se disait en outre qu'il serait passablement étrange qu'il dût s'en aller en l'autre monde sans savoir rien de l'affaire dans laquelle il s'était engagé pour une si grosse part ; cette pensée cependant servait à le rassurer, car, en y regardant bien, il lui paraissait peu probable qu'une intrigue si ténébreuse dont il avait par son intervention si profondément modifié le cours pût se dénouer sans lui; d'où il était conduit à rechercher quelle pouvait être cette femme qu'il avait sauvée, les causes du crime et toutes les autres choses qu'il aurait eu une si grande curiosité de connaître, mais aucune explication satisfaisante ne lui venait?

Arrivé au but de sa course, un nouveau désappointement l'attendait; son ami se trouva parti pour un voyage, et il se vit dans un très-grand embarras, n'ayant guère à Paris d'autre connaissance de qui il pût solliciter le service qu'il était venu réclamer.

Résolu cependant de ne pas traîner cette affaire, il entra chez un armurier où il acheta une épée, et se remit en marche pour le logis d'une autre personne à laquelle il comptait demander son assistance, quoiqu'il ne fût pas avec elle dans des termes à être sûr de voir sa requête appointée.

Comme il marchait fort absorbé dans ses idées, il vint à heurter un homme qui, cherchant à compenser, par la fierté de sa mine, le délabré fort apparent de son costume, venait à lui majestueusement, le feutre sur l'oreille, le poing sur la hanche et le jarret tendu. A la longue rapière pendue à son côté, et sur la garde de laquelle il pesait de la main gauche, à ses moustaches fortement cirées et luisantes qui se relevaient menaçantes presqu'à la hauteur de l'œil;

enfin, à un air hargneux et batailleur répandu dans toute sa personne, il était impossible de ne point reconnaître un de ces pourfendeurs de profession, qui ne consentent à partager le pavé avec personne, et se hérissent comme un porc-épic au moindre contact.

Ayant donc été touché en passant par Lescalopier, qui, dans sa préoccupation, ne l'avait pas même aperçu, cet homme commença de lui chercher querelle, et, de parole en parole, en vint assez promptement à lui proposer de mettre l'épée à la main.

— En fait d'épée, lui répondit Lescalopier, en voici une toute neuve et dont je suis fâché de ne vous pouvoir donner l'étrenne ; mais, de ce pas, je vais joindre un homme avec qui je pris rendez-vous ce matin, et dans tous les cas, mon cher Monsieur, vous ne sauriez passer qu'après.

— Oui dà ! fit le pourfendeur, si la chose est telle que vous la dites, il faut en effet que je donne patience à ma vengeance, car je ne suis pas homme à aller sur les brisées de personne ; mais êtes-vous bien sûr, continua-t-il, d'avoir parti ailleurs, et ne me trompez-vous pas ?

— Pour peu que votre inclination soit à me

suivre, répondit Lescalopier, je n'y mets point obstacle; si même, une fois rendu sur le pré, vous vouliez, au lieu de rester simple spectateur de la rencontre, y prendre comme mon second une part un peu plus active, vous m'obligeriez fort, car je suis étranger en cette ville, et un ami sur lequel je comptais pour me rendre ce service me fait défaut.

— Votre proposition, répondit l'homme à la rapière, est franche et cordiale; je vois à vos façons que vous êtes un brave avec lequel, tout considéré, on aurait quelque regret de se couper la gorge; mais il y a une difficulté à votre proposition, je n'ai point déjeuné encore; mon médecin m'ordonne d'être fort réglé pour mes repas, et, pour si vite que vous expédiez votre homme, c'est au moins une demi-heure de retard qui serait cause de quelque révolte en mon estomac.

— N'est-ce que cela, reprit Lescalopier, qui sentit aussitôt où le bât blessait le personnage; je suis à jeun comme vous, et nous ne saurions tarder rencontrer quelque endroit où nous pourrons nouer plus ample connaissance, et exécuter les ordonnances de votre médecin.

Le spadassin ne se le fit pas dire deux fois : considérant qu'il gagnait un déjeuner et ne perdait guère que la moitié d'un duel, puisqu'il figurerait comme second dans celui qui se préparait, il accepta volontiers cet échange, et, à la suite d'une assez longue station qu'il fit avec Lescalopier dans un cabaret, il était si bien retourné en sa faveur, qu'au lieu de lui vouloir donner, comme un instant avant, du fer dans le ventre, il voulait absolument se battre à sa place et aller seul à son rendez-vous.

S'étant laissé calmer cependant sur cet officieux empressement, il s'achemina avec son nouvel ami vers la rue d'Enfer; et ne s'inquiétant même pas du sujet de la rencontre, il se contenta de lui demander s'il était un peu expérimenté dans la besogne qu'il allait faire. Lescalopier lui ayant naïvement avoué qu'il ne s'était jamais trouvé à pareille fête, notre homme, chemin faisant, lui donna quelques bons conseils qui, bien qu'arrivant un peu tard, pouvaient cependant grandement lui servir, s'il faisait les choses de sang-froid.

Arrivés au lieu convenu, ils trouvèrent, les attendant, Dupuis et un autre gentilhomme à

M. de Roussi ; après s'être salués, les deux couples entrèrent en quelques pourparlers et convinrent, comme l'usage avait tout-à-fait achevé de s'établir alors, que les seconds se contenteraient de regarder faire et ne se battraient pas.

On alla de l'autre côté de l'enclos des Chartreux, derrière l'hôtel Vendôme, à peu près au même endroit où, cinq ans avant, M. le duc de Beaufort s'était rencontré avec son beau-frère, M. de Nemours, qu'il avait tué d'un coup de pistolet ; puis presque aussitôt, les deux adversaires mirent l'épée à la main.

La lutte fut acharnée, mais elle ne fut pas longue; poussé avec une sorte de frénésie furieuse, comme un homme dont on s'était promis à tout prix d'avoir la vie, Lescalopier se défendit en reculant, ayant seulement la précaution que son second lui avait dit être excellente, de tendre toujours son épée ; en effet, au bout de quelques minutes, son adversaire, qui cependant était assez habile dans l'art de l'escrime, vint s'enferrer à pleine poitrine, et, étant tombé sur le coup, presqu'au même moment il expira.

Dans son bon cœur, quoiqu'il eût été mortellement offensé, Lescalopier voulait lui porter secours et essayer de le rappeler à la vie ; mais son témoin, en homme ayant une grande pratique de ces sortes d'affaires, lui déclara que tout soin serait inutile, et qu'ils devaient sans plus attendre pourvoir à leur sûreté. Prenant des mains de Lescalopier l'épée qui avait servi au meurtre, il l'essuya soigneusement du pouce et de l'index, puis la lui remettant dans le fourreau, il l'entraîna rapidement en laissant au témoin de Dupuis la charge de transporter le mort ou bon lui semblerait.

VII

Quand ils eurent tourné quelques rues et qu'ils n'eurent plus à craindre d'être en quelque façon pris sur le fait, le pourfendeur commença à s'enquérir de Lescalopier touchant la famille de celui qu'il venait de tuer. Lescalopier lui ayant appris que le père du mort était greffier de l'une des chambres du parlement :

— Votre cas est mauvais, lui dit son témoin,

tous ces robins se tiennent, et vous devez vous attendre à ce que votre procès soit rudement poussé. A votre place, je me hâterais de gagner au large et de me retirer en quelque lieu de sûreté.

— Je ne ferai autre chose, reprit Lescalopier, que de m'en aller à Grenoble, où j'habite d'ordinaire. Cette ville n'étant pas dans la juridiction du parlement de Paris, ne pensez-vous pas que je pourrai y demeurer en quelque assurance ?

— Sans doute, si vous y aviez surtout quelques amis et quelques protecteurs; mais le ressort du parlement parisien s'étend presque jusqu'à la porte de votre province, puisque la ville de Lyon elle-même en relève; il vous faut donc faire la plus extrême diligence, si vous ne voulez être pris sur ses terres et avoir affaire à lui.

— Mon Dieu, je puis partir dans une heure, et il ne me faut qu'aller prendre mes hardes à mon auberge.

— Courons-y donc promptement; et ils hâtèrent d'autant le pas.

Tout en marchant, Lescalopier pensait cependant qu'il n'était pas tout-à-fait aussi libre de soins qu'il l'avait dit, et il se demandait ce qu'il allait faire de cette femme qui l'attendait à son logis. Par suite de toutes les mésaventures grandes et petites qu'elle lui avait causées, il était fort refroidi sur le chapitre d'une plus longue assistance à lui accorder, et il lui semblait qu'il eût été assez aise d'en être débarrassé.

Étant donc bourrelé de cette idée, il vint naturellement à en parler à son compagnon, et sans lui conter, attendu l'assez médiocre confiance qu'il lui inspirait, tout le fin de son aventure, il le consulta sur la manière dont il pouvait en user avec une femme qui n'était pas sienne, qui lui était tombée dans les mains d'une façon bizarre, et qu'il ne voudrait pas cependant, en quittant Paris, abandonner sans protection.

— Est-elle jeune? lui répondit alors son interlocuteur.

— Vingt-cinq ans à peine.

— Jolie?

— Des plus avenantes et des mieux faites.

— Et vous avez peur qu'il ne lui manque de protecteurs? Elle en trouvera cent pour un, et, sans aller plus loin, ne puis-je pas encore dans cette affaire vous servir de second?

Lescalopier ne répondit pas avec un grand empressement à cette ouverture, car il ne se dissimulait pas que le personnage n'avait en lui-même rien de bien rassurant pour une femme, et ce n'est pas sans quelque remords qu'il eût laissé entre ses mains celle dont la Providence avait semblé vouloir le charger. Se représentant cependant qu'il n'était pas impossible que la principale intéressée vît autrement la chose, il ne repoussa pas absolument l'offre qui lui était faite, et remit à tout décider jusqu'au moment où elle aurait pu être consultée.

L'absence de Lescalopier ayant duré bien au delà du temps qu'avait supposé la pauvre dame, il la trouva dans une grande appréhension d'avoir été abandonnée par lui, et la joie qu'elle témoigna de sa présence parut si profonde et si vraie, qu'il ne put s'empêcher d'en être touché. D'ailleurs, malgré les inquiétudes de toutes sortes dont elle dit avoir été saisie, elle avait profité de son loisir pour réparer le désordre où ses habits avaient été mis par les évènemens de la veille ; et par une de ces habiletés qui n'appartiennent qu'aux femmes, elle avait trouvé le moyen, avec ces vêtemens frippés et salis, de s'arranger une toilette qui la parait si bien, que tous les charmes de sa personne en recevaient un nouvel éclat.

Quoiqu'en proie à une préoccupation des plus vives, Lescalopier fut frappé de sa beauté, et ce ne fut qu'avec une résolution mal affermie, qu'après lui avoir conté son duel et la nécessité où il était de partir sur-le-champ, il lui parla de se séparer d'elle et de la laisser aux mains de son second.

La pauvre abandonnée n'eut qu'un coup d'œil à jeter sur le singulier protecteur qu'on lui proposait, pour comprendre qu'à aucun prix elle ne pouvait accepter un pareil échange. Nous avons vu, d'ailleurs, que sa plus grande crainte était d'être découverte par ses meurtriers : quitter Paris lui semblait le moyen le plus sûr de se soustraire à leurs poursuites; et, bien loin que la circonstance qui forçait Lescalopier à s'éloigner lui parût un contre-temps, elle y vit plutôt une chance inappréciable de salut, s'il consentait à l'emmener.

Il faut bien dire que cette ressource s'était déjà présentée à l'esprit du marchand gantier, qui avait vraiment beaucoup de peine à se faire à l'idée qu'une si belle créature dût tomber aux mains de l'ignoble personnage qui était là présent. Aussi, quand elle eut commencé d'employer les plus actifs moyens de séduction, et que, ses beaux yeux noyés de larmes, elle se jeta aux pieds de son sauveur en le suppliant de ne la point abandonner, il ne se défendit plus que faiblement.

—Allons! allons! dit alors le second, qui voulut trouver au refus qui se faisait de ses services une explication satisfaisante pour son amour-propre, je vois qu'il y aurait grand dommage à vous désunir, et que la place est trop bien prise dans le cœur de madame pour qu'elle veuille accepter mon dévoûment.

Les regards de la dame ayant en ce moment rencontré ceux de Lescalopier, ils parurent si bien confirmer les paroles qui venaient d'être dites, que le peu de résolution que le pauvre garçon pouvait avoir encore de résister acheva de s'évanouir à ce choc : entrevoyant que l'avenir pourrait lui compenser d'une assez agréable manière les tristes conséquences qu'avait eues jusque là sa rencontre avec cette belle inconnue, se persuadant d'ailleurs de plus en plus à ses façons et son extérieur qu'elle était femme de qualité, il renoua la chaîne qui depuis la veille unissait leurs deux destinées, et consentit à ce qu'elle le suivît.

La voie du carrosse public n'étant pas sûre dans la position où se trouvait Lescalopier, par l'entremise de son second, qui paraissait en toute chose un homme des mieux entendus, il trouva un voiturier qui se chargea de le conduire jusqu'à Grenoble dans le plus bref délai possible.

Au moment où Lescalopier allait monter en voiture, son nouvel ami, comme il était alors la mode entre hommes, lui fit une chaude embrassade, puis tout à coup, s'avisant d'une idée, il lui dit négligemment : — Vous gênerait-il trop de me prêter pour quelques jours vingt écus qui me font faute en ce moment? Lescalopier était pris au piége, car cet homme venait de lui rendre un de ces services après lesquels on ne peut guère refuser quelque chose à celui de qui on les a acceptés. Assez mécontent au fond, il tira de sa bourse les vingt écus qu'il livra de la meilleure grace qu'il put. Fouillant alors dans son haut-de-chausses, l'emprunteur en sortit un papier graisseux et sale, et voulant, disait-il, faire les choses en règle, il le présenta à Lescalopier qui, à son grand étonnement, reconnut que c'était un billet de la somme qu'il venait de prêter et où son nom était laissé en blanc. Avant d'avoir vu cette pièce, il regardait déjà son argent comme bien aventuré, mais à ce moment il se tint pour sûr de le perdre; un homme qui portait ainsi sur lui des reçus tout faits et qui les jetait à la tête des gens sans qu'on les lui demandât, était évidemment le plus mauvais payeur qui se pût rencontrer. Toutefois, il prit assez bravement son parti de cette nouvelle mésaventure, bien qu'il ne pût s'empêcher de lui reconnaître une évidente filiation avec la grande loi de fatalité malheureuse qui depuis la veille gouvernait sa vie. Du reste, il y avait à espérer que son départ de Paris romprait cette obstination de son mauvais sort. Secondant son impatience de quitter un pays où depuis la veille tout semblait conjuré contre lui, le voiturier emporta le gantier au grand galop de ses chevaux, sauf à modérer de beaucoup cette ardeur aussitôt qu'il aurait dépassé l'enceinte de la ville; car c'est ainsi que de tout temps ont fait les messagers, les conducteurs de carrosses publics et les postillons.

VIII

De grandes obscurités règnent jusqu'à présent dans cette histoire; nous allons profiter du temps que Lescalopier et sa compagne voyagent vers le Dauphiné pour reprendre les choses à leur origine et expliquer à nos lecteurs plusieurs circonstances sur lesquelles ils doivent avoir quelque impatience d'être édifiés.

A toutes les époques, la France fut un pays de galanterie, et ceci fut surtout vrai au temps où l'amour des voluptés fut prêché par l'exemple d'un grand roi(1) qui, pour être monté au trône dans une extrême jeunesse, eut toute liberté de donner le plus libre cours à l'ardeur de ses passions.

Sans parler des grandes dames et des bourgeoises qui semblèrent quelquefois vouloir leur faire concurrence, les courtisanes furent très-nombreuses sous ce règne, et y vécurent en grande considération.

Toutes n'y acquirent pas, sans doute, une renommée pareille à celle de Ninon, dont la postérité s'est occupée à l'égal de Molière, de M. de Turenne et de Vauban, mais elles passèrent agréablement leur temps au milieu des plus aimables seigneurs de la cour, qui les recherchaient fort : logées et vêtues splendidement ; rendant à leur tour le pain béni en leur paroisse ; roulant carrosse et n'ayant que très-peu de souci de tous les dires et arrêts du parlement, lorsqu'il entreprenait de réformer leur luxe, sous prétexte qu'à les voir passer dans la rue, une duchesse et une

(1) Louis XIV.

fille folle de son corps ne se distinguaient plus.

Au nombre de ces femmes les plus courues, se remarquait une fille nommée Louison d'Arquien, qui dut jouir en son temps de quelque célébrité, puisqu'il en est parlé à plusieurs fois en l'*Histoire amoureuse des Gaules*, du comte de Bussy-Rabutin.

Ayant été d'abord débauchée de chez son père qui était cordonnier en l'université (1), elle suivit un mousquetaire dont elle ne tarda pas à se dégoûter, attendu qu'il l'entretenait fort mal et se montrait d'une ridicule jalousie. De là, elle passa aux mains d'un procureur au Châtelet, qui pourvoyait amplement à tous ses besoins et en était fort sérieusement épris ; mais sa vocation, comme elle le disait elle-même, l'appelait à pratiquer autre chose que des bourgeois et des gens de chicane ; et le marquis de Biran, qui fut depuis le duc de Roquelaure, l'ayant un jour lorgnée à sa fenêtre, où elle passait une grande partie de son temps quand elle demeurait au logis, quoiqu'il fût très-laid et de vilaine tournure, trouva

(1) On partageait alors Paris en trois grandes divisions : la partie située dans la grande île de la Seine où se trouve le Palais et Notre-Dame s'appelait *la Cité* ; la partie qui s'étendait sur la rive droite du fleuve s'appelait *la Ville*, et celle qui s'étendait sur la rive gauche, *l'Université*.

presque aussitôt le chemin de son cœur, et s'y installa en vainqueur. Comme il n'était pas jaloux le moins du monde, et que volontiers il la faisait voir à ses amis, elle ne tarda pas à nouer d'autres intrigues et à devenir à la mode parmi la jeunesse de cour, où elle fut très-goûtée, tant à cause de sa beauté que de la gaîté de son humeur, si bien qu'il ne se faisait plus, au jardin du Renard, à la Pomme-de-Pin où à la Croix-de-Fer (1), aucune bonne partie de débauche dont elle ne fût.

Tous ces jeunes seigneurs avec lesquels elle fréquentait étaient riches et magnifiques et lui faisaient à l'envi force présens, si bien qu'à son tour elle eut maison montée, des gens et un carrosse; elle voulut même goûter du luxe de protéger les gens de lettres, car, pour deux sonnets qu'un poète dont le nom ne nous est pas parvenu fit à sa louange, elle voulut lui accorder, sur sa cassette, une pension de 150 livres qu'elle lui paya jusqu'au moment où ledit poète mourut d'une maladie galante en l'Hôtel-Dieu.

Entre ses amans, l'un des assidus était le comte de Roussi, dont nous avons vu si malheu-

---

(1) Trois cabarets célèbres de l'époque. Le jardin du Renard était situé à l'extrémité du jardin des Tuileries, près de la porte de la Conférence.

reusement finir l'intendant : il ne lui gardait pas plus fidélité qu'elle ne la lui gardait elle-même, étant fort renommé pour ses bonnes fortunes, tant de la ville que de la cour ; mais il ne pouvait jamais se passer une quinzaine qu'il ne revînt à Louison, qu'il trouvait toujours prête à s'accommoder à son humeur. Présent, elle l'adorait et ne lui ménageait aucune tendresse; absent, elle l'oubliait pour vaquer à d'autres amours, sans que jamais aucun galant fît tort à l'autre ; c'était là même le grand mérite de cette charitable fille, d'avoir le cœur si bien distribué que chacun s'y logeait à l'aise; bien entendu que personne ne prétendait y être hébergé gratis, ce qu'ils comprenaient tous sans qu'il fût besoin de le leur dire, étant gens de qualité.

Un soir que le comte de Roussi était venu chez elle au sortir du souper, et ayant bu peut-être un peu au-delà de ce qu'il jaugeait, il fut malade; la bonne Louison ne voulut pas appeler ses gens de peur qu'ils ne vissent ce grand seigneur en un état où sa considération n'aurait pas eu à gagner auprès d'eux, elle prit soin de le déshabiller elle-même, et, l'ayant mis au lit, où il ne tarda pas à s'endormir, elle resta auprès de lui pour le veiller en cas qu'il eût besoin de quelque chose et que son mal le reprît.

Dans le désœuvrement où la jetait ses fonctions de garde-malade, elle eut la singulière imagination de prendre les habits du comte, qui n'était pas d'une taille beaucoup plus élevée que la sienne, et de les revêtir afin de voir si elle avait bon air en jeune seigneur : elle passa de cette façon une heure ou deux à faire cette toilette d'homme, puis à se considérer dans tous les miroirs qu'elle avait en sa chambre, et il ne tint à rien qu'elle ne devînt amoureuse d'elle-même, tant elle se trouvait bien sous ce costume, et qu'elle ne s'en contât.

Or, il arriva qu'en l'une des poches du haut-de-chausse elle entendit le froissement d'un papier, ce qui fut cause qu'elle y porta la main; ce papier était un billet parfumé à l'adresse du comte de Roussi. Ne doutant pas que ce ne fût une lettre d'une de ses maîtresses, Louison, qui était curieuse, et qui ne voyait pas d'ailleurs un grand mal à pénétrer de semblables secrets, ne se fit pas faute de le lire, d'autant qu'il était décacheté.

Quoique celle qui l'avait écrit, par une prudence assez commune aux femmes qui envoient des lettres d'amour, n'eût pas signé, Louison en apprit tout autant qu'elle en voulait savoir, car on y disait à Roussi que « le lendemain M. de Casa-« Bella était de la chasse du roi, et ne coucherait « pas au logis; on l'engageait donc à profiter du « renseignement ; » la signature n'en eût pas appris davantage et n'eût rien compromis de plus.

Louison se rappela alors que plusieurs fois, dans les soupers qu'elle faisait avec Roussi, Biran et quelques autres de leurs amis, le premier avait été raillé à l'endroit de la duchesse de Casa-Bella, une belle Italienne dont ils le disaient amoureux. Lui s'en défendait, et, comme il n'était guère d'usage, entre ces jeunes débauchés, de se cacher leurs bonnes fortunes, on ne le poussait point à fond sur cette intrigue que la réputation de madame de Casa-Bella, engagée dans la haute dévotion, et menant en apparence une vie très-régulière, rendait d'ailleurs peu vraisemblable.

Il n'est pas nécessaire de dire que Louison fut aise de cette découverte, car ce qui réjouit surtout les femmes dont la vertu a reçu quelque atteinte, c'est de se découvrir des pareilles ; surtout quand celles-ci sont placées de manière à ce que leur chute fasse de l'éclat.

Elle eut cependant l'esprit de comprendre que Roussi, montrant beaucoup de réserve au sujet de la duchesse, elle le désobligerait en ayant l'air de connaître une chose qu'il prenait tant à cœur de cacher; elle remit donc la lettre à l'endroit où elle l'avait prise, ou plutôt elle crut la remettre, car elle se trompa d'adresse et la changea de la poche du haut-de-chausse dans celle du pourpoint; le lendemain, quand le comte se réveilla, elle ne lui parla d'aucune chose qui pût faire allusion à ce qu'elle avait appris.

A quelques jours de là, il arriva que, revenant de se promener au Cours dans son carrosse Louison se rencontra en une rue étroite avec une voiture richement armoiriée et qui venait en l'autre sens. Si la chère fille se fût rendu justice, quelle que fût la personne qui se trouvait sur son chemin, elle eût senti que c'était à elle de céder le pas, car il était difficile que cette personne ne lui fût supérieure en qualité, et ne la primât; mais, pour fréquenter habituellement les gens de cour, Louison s'était peu à peu figuré être au niveau de tout ce qu'il y avait d'élevé dans l'État, et elle cria à son cocher de tenir bon et de ne point reculer.

De grands pour-parlers s'établirent entre les valets des deux carrosses pour savoir lequel retournerait en arrière; et en cette circonstance Louison d'Arquien montra bien qu'elle n'avait pas lu les *Pensées de M. Pascal* qui du reste n'avaient point paru à cette époque (1), mais qu'elle n'aurait certes pas lues davantage, quand bien même elles eussent été publiées. Or voici ce que dit ce grand philosophe : « Il a quatre laquais, « et je n'en ai qu'un : cela est visible, il n'y a « qu'à compter, c'est à moi à céder, et je suis un « sot si je conteste. »

La proportion était exactement la même entre la suite de Louison d'Arquien et celle du propriétaire de l'autre carrosse. Outre son cocher, Louison n'avait avec elle qu'un petit laquais, modestement vêtu de drap gris, car elle n'aurait point osé pousser le scandale jusqu'à prendre des livrées; de l'autre part au contraire se rencontraient un valet de pied armé d'une masse à pomme d'argent, plus trois grands laquais de la plus belle allure, entassés derrière la voiture, et chamarrés

(1) Ce n'est qu'en 1670 que s'en fit la première édition.

de galons et d'or à plaisir : évidemment c'était folie que de vouloir lutter contre une telle force, qui, outre le nombre, avait encore pour elle l'aplomb insolent que donne toujours à des valets le nom de leur maître, quand ils se sentent de bonne maison. Aussi ceux-ci ne cessaient-ils de crier qu'ils étaient à madame la duchesse de Casa-Bella, croyant que ce nom seule dût tout décider. De son côté, le cocher de Louison fut assez sot pour vouloir riposter par le nom de sa maîtresse ; mais, à ce nom de *Louison d'Arquien,* que ces gens connaissaient tous pour ce qu'elle était, ils ne gardèrent plus aucune mesure : l'un courut vers le petit laquais qui s'enfuit à toutes jambes pour éviter d'être fouetté ; deux autres tirèrent le malencontreux cocher en bas de son siége, quoiqu'il se défendît à outrance avec son fouet, et le rouèrent de coups ; en même temps, le dernier, prenant les chevaux par la tête, les força de rétrograder et fit ainsi sortir le carrosse de la rue où il avait eu le malheur de s'engager ; après quoi ils reprirent tranquillement leur poste ; et pendant que le carrosse de Louison, désemparé de son laquais et de son cocher, restait là en panne comme une pauvre frégate démâtée, l'équipage de la duchesse défila triomphalement devant lui : mais, toute vaincue qu'elle était, la fille de joie gardait à la grande dame une rude atteinte, car, au moment où les deux carrosses se trouvèrent côte à côte, Louison sortit à moitié de la portière et s'écria :—Madame la duchesse est pressée; elle a sans doute rendez-vous avec Roussi ?

IX

On peut, sans craindre de se tromper, comparer la langue à toute espèce d'arme, fût-ce la plus dangereuse : à l'épée, au pistolet, au poignard; car elle peut faire des blessures plus profondes qu'aucun de ces agens de destruction. Représentez-vous une femme soigneuse de sa réputation et poussant le goût de la bonne renommée jusqu'à être tenue pour une sainte personne, laquelle découvre tout à coup que le secret de ses désordres est tombé aux mains d'une courtisane, et vous pourrez prendre une idée de l'épouvante où fut jetée la duchesse par les paroles de Louison d'Arquien. Ordonnant aussitôt qu'on la reconduisît à son hôtel, elle manda au comte de Roussi de venir lui parler sans retard, et s'occupa deux à trois fois à se trouver mal jusqu'au moment où il fut arrivé.

La réception qui fut faite au pauvre amant se comprend de reste; pendant plus d'un quart-d'heure il fut traité d'infâme, de déhonté, de perfide, sans pouvoir au juste connaître la faute dont il s'était rendu coupable et dont on l'accusait. A la fin cependant, il parvint à se mettre au fait de ce qui s'était passé, et son étonnement des paroles de Louison fut extrême, car, contre son habitude dans ses relations avec les femmes, il avait été cette fois d'une discrétion à toute épreuve, et, excepté Dupuis, son intendant, dont il croyait être parfaitement sûr, nul n'avait su de lui qu'il fût bien avec madame de Casa-Bella.

Ses protestations, qui avaient un air de sincérité difficile à méconnaître, parvinrent à calmer la colère de sa maîtresse; mais si l'ardeur de vengeance tout italienne dont celle-ci se montrait animée se refroidit à son endroit, elle n'en fut que plus violente et plus désespérée contre les autres coupables. Elle déclara à Roussi que tout commerce serait à l'instant rompu entre eux, s'il ne lui promettait de faire disparaître les dépositaires de ce terrible secret.

Roussi, qui l'aimait fort et que cette menace inquiéta, crut la contenter en lui parlant d'une lettre de cachet à l'aide de laquelle il ferait enfermer les coupables à la Bastille ; mais la duchesse répondit à l'offre de cet expédient que la Bastille était un lieu d'où l'on revenait, et où l'on pouvait encore parler des choses que l'on savait, ne fût-ce qu'à un porte-clés ou à un guichetier. Roussi reconnut alors qu'on lui demandait d'employer un moyen encore plus décisif, et il sortit en promettant d'y aviser.

Quand il fut revenu chez lui, il fit à Dupuis la contre-partie de la scène qu'il venait d'essuyer, et à son tour le pauvre intendant se vit obligé de se défendre, ce à quoi pourtant il réussit assez bien. Employant alors toutes les forces de son esprit à découvrir comment la d'Arquien avait pu être instruite, le comte finit par se rappeler qu'il avait dans sa poche, le jour où il avait passé la nuit chez elle, une lettre de la duchesse ; il fit chercher l'habit qu'il portait ce jour-là, et, ayant fouillé dans la poche du haut-de-chausse où il se rappela alors fort bien avoir mis cette lettre, ne la trouvant pas, il ne douta plus que Louison ne la lui eût dérobée durant son sommeil, et ne se fût renseignée par ce moyen. Hors de lui à cette idée, et ne pensant pas qu'une créature de cette espèce méritât qu'on se creusât plus long-temps la tête à son sujet, il résolut sa perte séance tenante, et ordonna à Dupuis de se débarrasser d'elle dans le plus bref délai possible, par quelque moyen que ce fût, et quelque argent qu'il dût lui en coûter.

Dupuis, qui s'était vu exposé à des soupçons qui étaient de nature à altérer la faveur dont il jouissait auprès de son maître, pensa que le zèle et l'empressement dont il ferait preuve pouvaient seuls le remettre en la position dont il se sentait déchu ; aussi ne fit-il aucune objection contre la dureté de la sentence, et ne pensa-t-il qu'à l'exécuter le plus prestement qu'il se pourrait ; or, e moyen dont il se servit fut assez original, ainsi qu'on pourra s'en assurer.

Il savait qu'indépendamment des amans qui lui étaient de quelque rapport, la d'Arquien avait un préféré qu'elle aimait de cœur, pour lui-même et sans intérêt : si jamais le choix d'une femme accusa le caprice et la bizarre humeur de son sexe, c'était assurément celui que Louison avait fait dans la personne de ce bien-aimé.

Cet homme, qui n'était ni beau, ni bien fait, ni spirituel, était un de ces piliers de tripot comme on en rencontrait tant alors dans Paris. De même que tous les hommes de son espèce, il se faisait remarquer par une sorte de bravoure qui n'était autre chose, au fond, que de la brutalité et une rare indifférence de verser le sang humain : c'était peut-être par ce mérite de bourreau qu'il avait fait quelque impresssion sur le cœur de Louison.

Il ne se contentait pas de jouir en véritable pacha de cette belle créature qui trouvait on ne sait quel bonheur à s'abandonner à lui; outre le plaisir, il fallait qu'elle lui procurât de l'argent pour son jeu et ses débauches de cabaret, et elle sentait une extraordinaire satisfaction à retourner avec lui le rôle qu'elle jouait avec tous les autres hommes. Le dévoûment sans bornes dont à toute occasion cette fille faisait preuve à l'égard de ce misérable n'empêchait pas qu'à certains jour il ne la rudoyât le plus cruellement du monde; mais Louison appartenait à cette ignoble race de femmes qui s'attache par les mauvais traitemens, et elle était de cette bizarre école qui trouve son plaisir à être battue. A cela près de cette jouissance, qui lui était amplement accordée toutes les fois qu'elle le désirait, la pauvre fille aurait été vraiment bien empêchée de dire ce qu'elle trouvait d'adorable dans ce repoussant personnage, mais cependant elle avait une assez bonne raison à donner de sa folle passion : à savoir, qu'elle l'aimait ainsi.

Dupuis connaissait de vue cet homme, qui se faisait appeler le chevalier de Campagnac. On était sûr de le rencontrer dans un bouge de la rue Dauphine, où il passait les trois quarts de sa vie; et Dupuis, ayant été le chercher là, le trouva dans une disposition très-favorable au dessein qu'il méditait, car il venait de perdre à *la bassette* (1) une somme assez considérable,

---

(1) Le jeu de la bassette était alors très en vogue à Paris. Les femmes, dit Bussy-Rabutin, volaient leurs maris pour y jouer; les enfans leurs pères, et jusqu'aux valets qui venaient regarder par-dessus l'épaule des joueurs, et les priaient de mettre une année de leurs gages sur une carte.

plus, cent pistoles qu'il avait jouées sur parole, et qu'il n'avait nullement en sa possession.

Dupuis, l'ayant pris au mileu des plus vives imprécations qu'il adressait au ciel et la terre, l'engagea à sortir avec lui pour conférer d'une affaire qui pouvait lui être de quelque conséquence. Le Campagnac refusa net, disant grossièrement qu'il ne connaissait pas Dupuis et n'avait nulle envie de le connaître. Mais celui-ci, sans se rebuter, lui confia à l'oreille qu'il y avait une bonne somme à gagner ; alors, faisant l'homme que l'on obsède et qui cède enfin à d'importunes instances, Campagnac prit à un croc, où ils étaient pendus son feutre et sa rapière, et suivit sans plus se faire prier.

Quand ils furent debors, Dupuis proposa d'entrer dans un cabaret, où l'on pourrait causer plus à l'aise. Campagnac, comme on s'en doute, ne fit aucune objection à cet arrangement, et il ne put s'empêcher de prendre une assez bonne opinion de sa nouvelle connaissance, quand il l'entendit demander deux bouteilles de vin de Nuits.

Le vin ayant été servi, Dupuis commença à parler ainsi :

— Chevalier, j'ai ouï dire que vous étiez homme de bon conseil et de résolution : c'est pourquoi j'ai pris le dessein de venir vous exposer un cas très-grave et où l'on voudrait avoir votre opinion.

— Voyons, répondit Campagnac, exposez la difficulté, et nous la résoudrons du mieux que nous pourrons.

— Une personne, par une infidélité des plus blâmables, s'est emparée d'un secret d'une haute importance, et a commencé d'en faire un très-méchant usage ; on demande la manière dont on pourrait obtenir de cette personne qu'elle ne parlât plus ?

— On peut l'obtenir de deux manières, soit par promesses, soit par menaces ; par des procédés obligeans ou par la terreur qu'on inspirerait.

— Fort bien ; mais ni l'un ni l'autre de ces moyens ne serait infaillible, et l'on voudrait avoir absolument la certitude que cette personne ne se rendrait plus jamais à l'avenir coupable d'indiscrétion.

— Pour garder aussi solidement les secrets,

reprit Campagnac, il n'y a que les morts, mais le moyen est violent.

—Sans doute, reprit Dupuis; mais, à supposer que l'on fût, après mûre réflexion, obligé de recourir à ce remède, de quelle manière pensez-vous que la chose pût se pratiquer?

Ici Campagnac remplit son verre, le mit lentement à sec, puis répondit d'un ton doctoral:
« Il y a également dans ce cas deux manières : on peut aller chercher querelle à la personne en question, la forcer de mettre l'épée à la main, et en finir avec elle par un duel ; ou bien l'on peut le soir s'embusquer sur son passage, et lui porter à l'improviste quelque mauvais coup; de ces deux manières, la seconde est beaucoup plus sûre que l'autre ; mais toutes deux, ajouta-t-il, demandent également de la résolution. »

— Vos deux moyens me paraissent excellens, mais ils ne sont peut-être pas très-applicables dans le cas présent, où il s'agit d'une femme.

— En effet, reprit Campagnac sortant par une lourde plaisanterie de la gravité qui lui était ordinaire, s'il est question de faire taire une femme, ma recette n'y pourvoira pas.

— Je ne suis pas entièrement de votre avis, et ce

que vous avez appelé un moyen violent me paraît très-propre à entraver la langue la plus déliée ; mais on ne peut croiser l'épée avec un jupon, et cela ne se trouve jamais seul par les rues la nuit, pour que l'on puisse se mettre utilement à l'affût.

— Eh bien ! on l'enlève de plein jour, dit alors Campagnac auquel le vin de Nuits, commençait à communiquer une certaine exaltation ; une femme n'est pas après tout un animal avec lequel on doive faire autant de façons que s'il s'agissait de mettre à mal le doge de Venise ou un commissaire au Châtelet !

— Chevalier, repartit Dupuis commençant à serrer de plus près la difficulté, vous faites ici le brave et vous vous donnez les airs de ne faire nulle état des femmes ; tout resolu que vous êtes, vous ne feriez pas tomber un cheveu de la tête de Louison d'Arquien !

— Prétendez-vous par hasard que je sois amoureux de cette fille ? s'écria Campagnac s'animant de plus en plus.

— Moi, je ne prétends rien, car je n'ai pas l'honneur de vous connaître assez; mais, ma foi, on le dit !

— Ceux qui le disent en ont menti par leur gorge; assurément ils ne savent pas la manière dont j'en use avec cette Louison.

— Au moins vous ne nierez pas qu'elle ne soit grandement éprise de vous ?

— Pour ce qui est de cela, repartit le personnage, se rengorgeant avec fatuité, je ferais le sot à ne pas en convenir, mais je ne sais vraiment où elle a été prendre cet amour, car il faut voir à toute occasion comme je la rudoie.

— Nous savons, reprit malicieusement Dupuis, on bat une femme, on lui meurtrit la gorge et on lui donne du pied dans le ventre, mais on viendrait dire au plus terrible amant : Monsieur, voilà deux cents, trois cents pistoles, et, la première fois que vous aurez occasion de battre votre maîtresse, rendez-moi le service de le faire si rudement qu'elle ne s'en relève ; vous verriez que le pauvre homme ne voudrait entendre à une pareille proposition.

— Ah ça ! Monsieur, que je ne connais pas, s'écria alors Campagnac, qui me faites boire du vin de Nuits et parlez de trois cents pistoles comme d'un écu, savez-vous que vous m'avez l'air d'un homme à vouloir me tenter. Causons plus clairement, s'il vous plaît : avez-vous à vous plaindre de Louison en quelque chose, et serais-je, à votre avis, le sot amant que vous avez dépeint ?

— Eh bien ! répondit Dupuis, pour sortir d'une conversation générale, supposons que je sois envoyé par un grand seigneur dont j'aie la confiance, qui ait mis à ma disposition une grosse somme, et qui eût à cœur de ne jamais rencontrer dans ce monde Louison d'Arquien sur son chemin ; seriez-vous homme à vouloir vous brouiller avec ce grand seigneur en défendant cette fille contre ses entreprises, ou à vous assurer sa protection et ses pistoles en consentant généreusement à le seconder ?

— Si vous voulez savoir ma pensée, repartit Campagnac, j'ai toujours prédit à Louison qu'elle finirait mal et que l'intempérance de sa langue lui attirerait quelque méchante affaire ; mais convient-il que ce soit moi qui mette la main à cette besogne ?

— Certes, je ne voudrais rien vous demander de contraire à votre conscience ; mais vous considèrerez cependant qu'un homme qui, en ce temps-ci, peut mettre de deux à trois cents pistoles à une fantaisie, rencontre toujours quelqu'un pour la lui satisfaire; entre nous, m'est avis que Louison ne s'en trouvera pas mieux, et que vous laisserez aller ailleurs un argent avec lequel, ayant payé ce que vous perdites tout à l'heure sur parole, vous auriez encore de quoi vous enrichir, en tentant de nouveau la fortune avec prudence et modération.

— Il y a certes du vrai dans ce que vous dites, répondit Campagnac, et assurément j'y trouve de quoi penser.

— Écoutez, dit Dupuis, il ne faut jamais en rien se décider à la légère; prenez votre temps pour réfléchir : demain matin, au même endroit, nous nous trouverons à l'heure du déjeuner, et vous me direz le résultat de vos méditations.

Cela dit, il se leva et rompit brusquement l'entretien; or, nous trouvons que ce fut couronner par un coup de maître une négociation déjà très-habilement conduite; car une mauvaise pensée une fois semée dans l'ame de Campagnac, elle devait bien plus sûrement y germer, étant laissée à elle-même, et par la propre fertilité du terroir que par tous les soins qu'une main étrangère aurait pu mettre à la cultiver.

X

Le lendemain, Campagnac se rendit de bonne heure chez sa maîtresse, et nous devons avouer qu'il y venait dans une assez louable disposition.

Ce qui l'avait rendu la veille si facile à la tentation, c'était surtout la considération de l'argent qu'il avait perdu à la bassette, et qu'il mettait à honneur de payer sans remise. Or, en réfléchissant aux propositions de Dupuis, voilà le raisonnement qu'il s'était fait :

« J'ai besoin de cent pistoles, on m'en offre trois cents; mais ces trois cents, il faut les gagner durement, en m'exposant peut-être à me brouiller avec la justice. J'ai bon cœur, moi, et je suis facile en affaires; que Louison me fasse la somme qui m'est nécessaire, et je consens à la mettre hors de péril. Tout bien compté, c'est deux cents pistoles que je perdrai à ce marché; mais je ne me sens pas d'inclination à mésuser de cette fille, qui, de fait, tient toujours pour moi ouverts sa bourse, son lit et sa table, et dont il faudrait peut-être rendre compte à MM. du Châtelet. »

Si donc, lorsque le digne homme eut exposé à sa maîtresse l'embarras où il se trouvait par suite d'un nombre infini d'*alpious* et de *vatouts* (1) qu'il avait subis la veille, celle-ci se fût montrée compatissante à son malheur et eût témoigné vouloir l'aider, il est probable qu'elle eût échappé à la vengeance du comte de Roussi; mais d'abord Louison ne se trouva pas en argent; puis, par une de ces fatalités que semble à plaisir arranger notre étoile, au lieu de recevoir cette confidence de bonne humeur et avec indulgence, comme elle avait accoutumé, étant encore émue de son

(1) Termes de bassette.

humiliation de la veille, elle se mit à reprocher aigrement à son amant ses goûts de jeu et de débauche; si bien qu'il sortit de chez elle dans une furieuse colère et en jurant qu'il lui revaudrait cette méchante réception.

Ainsi disposé, on comprend qu'il ne faillit pas à se trouver au rendez-vous où l'attendait déjà Dupuis, et étant tout d'abord tombé d'accord avec lui pour accepter sa proposition, il ne resta plus entr'eux qu'à régler l'exécution de l'*affaire* qu'ils avaient résolue.

Le prix du meurtre arrêté à 300 pistoles, il fut convenu en premier lieu que, séance tenante, Dupuis donnerait un à-compte de la moitié de la somme, et que le reste serait payé aussitôt l'entreprise accomplie.

Quant aux moyens à employer pour s'assurer du silence éternel de Louison, voilà le plan que développa le chevalier.

Il lui répugnait, dit-il, de verser le sang d'une femme, et d'ailleurs il valait beaucoup mieux employer un moyen qui du même coup fît disparaître toute trace de ce qui se serait fait. Or, la *Nymphe de la Seine*, pour parler comme Jean Racine, qui avait fait sous ce titre une fort belle ode au roi, était une très-discrète personne qui se prêtait volontiers à cacher beaucoup de choses et ne révélait guère les secrets qu'on lui confiait : on pouvait donc la prier de recevoir Louison dans ses grottes humides et de l'y endormir doucement.

Aucune difficulté n'ayant été trouvée à cet arrangement, Campagnac parla encore du désir qu'il avait de connaître le nom du grand seigneur auquel il rendait ce service, et de plus il exigea que Dupuis fût présent au dénoûment de la tragédie qui se préparait, afin que l'on vît, disait-il, qu'il était un loyal mandataire, se piquant de gagner son argent en conscience et tenant tout ce qu'il avait promis.

Dupuis ne fut pas autrement convaincu de ces grands scrupules de conscience, et il comprit de reste la pensée secrète de Campagnac qui voulait lui faire mettre la main à la pâte et l'avoir directement pour complice, afin d'être assuré, la chose venant à être découverte, que le personnage puissant pour lequel on allait travailler aurait un intérêt à étouffer les poursuites et à couvrir le tout de sa protection.

Toutefois ces exigences n'ayant au fond rien

que de raisonnable, Dupuis nomma le comte de Roussi comme étant intéressé à la disparition de Louison, et, quant à la part que lui-même devait prendre dans l'entreprise, elle fut réglée à ce que vers une heure du matin il se trouverait avec un carrosse à la porte du logis de Campagnac, qui habitait en la rue Cloche-Perche, au quartier St-Antoine. Ce fut de là que l'on devait partir pour mener Louison en Seine, ainsi qu'il avait été convenu.

Toutes choses ainsi arrangées, Campagnac reçut cent cinquante pistoles; de plus, il déjeuna amplement aux frais du comte de Roussi, et il quitta son intendant en annonçant que son plan était fait et qu'il se chargeait de tout le détail de l'exécution.

Au sortir de cette conférence finale, le bon chevalier commença par se rendre chez un rôtisseur qui demeurait dans son voisinage, et lui commanda un souper froid en gibier, pâtisseries et autres mets succulens; ayant payé le tout d'avance, il le chargea en outre de lui procurer quelques bouteilles de bon vin, et dit qu'il repasserait dans la soirée pour faire savoir l'heure à laquelle il voulait que les viandes fussent portées

chez lui. De là il entra chez un boulanger, et
lui demanda à acheter un sac, disant qu'il en
avait besoin pour expédier en province quelques
marchandises qu'il avait commission d'acheter.
Muni de cet objet, dont on comprend par avance
la destination, Campagnac rentra chez lui, et il
écrivit à sa maîtresse dans les termes suivans :

« Tu ne fus pas ce matin très-charmante pour
« moi, ma petite Louison ; mais je n'en veux pas
« garder rancune. Des amis plus généreux que
« toi m'ont mis à même de payer ce que je per-
« dis hier à la bassette, et de tenter la fortune.
« Elle m'a été favorable, et je suis en argent.
« Pour te montrer que je n'ai nulle rancune, je
« veux te donner aujourd'hui à souper. J'ai pensé
« que nous serions mieux chez moi qu'au caba-
« ret, car, après Bacchus, Venus ; trouve-toi
« donc ce soir, vers neuf heures, à mon logis,
« *où tout sera prêt pour te bien recevoir;* mais
« surtout ne manque pas à venir, si tu ne veux
« te brouiller avec ton fidèle ami Hector de
« Campagnac, qui te baise sur les deux joues. »

Ayant eu soin de faire tenir cette lettre, et
toutes choses étant ainsi en état, Campagnac prit
avec lui l'argent qu'il venait de recevoir, et se

rendit à son passe-temps accoutumé. Il commença par payer sa dette, ce qui n'étonna personne, bien qu'on sût qu'il ne possédait pas la veille un denier; mais en ce lieu on ne s'enquérait que de l'argent qui passait du tapis vert en la poche, et de la poche au tapis vert; quant à l'origine dudit argent et à la manière dont on le possédait, on ne se creusait pas la tête pour les connaître : chacun battait monnaie à sa manière et comme il l'entendait.

Le reste de la somme fut immédiatement exposé au caprice de la fortune, et l'évènement donnant d'abord un démenti au proverbe qui dit que bien mal acquis ne prospère pas, notre Campagnac joua si heureusement, qu'il se vit bientôt à la tête d'un très-beau bénéfice, qui lui réjouit le cœur très-agréablement.

Il n'est tel que le bonheur pour rendre les hommes faciles et bienveillans, et l'on peut hardiment soutenir que, si le plus grand nombre était heureux, au lieu que ce soit le contraire, il y aurait en ce monde la moitié moins de mal qu'on n'y en voit. Tout en ramassant l'argent qui lui venait à poignées, Campagnac pensait par moment à son œuvre du soir, et il venait à se découvrir en l'ame des sentimens tout autres que ceux qu'il avait eus le matin pour Louison, alors qu'il était ruiné et endetté; il se demandait de quel droit le comte de Roussi voulait disposer de la vie de cette fille, et s'il convenait à un Campagnac, à un gentilhomme comme lui, de se faire le ministre d'une pareille vengeance?

Cependant, comme il jouait toujours et qu'un coup lui eut enlevé une assez notable partie de son bénéfice, il ne put s'empêcher de reconnaître qu'il avait reçu le prix de l'action qu'il condamnait, et qu'ayant donné parole de l'accomplir, il serait assez mal venu à s'en dédire; mais, un moment après, sa veine ayant repris de plus belle, il conclut avec lui-même qu'au fond il n'était engagé qu'à restituer l'argent qu'il avait reçu d'avance, et, ayant mis 150 pistoles au fond de sa poche, il décida qu'il les rendrait à l'intendant du comte de Roussi, en lui déclarant que, réflexion faite, il ne pouvait lui livrer Louison.

Mais, comme on voit que le danger ou le salut de celle-ci suivait le cours de l'heur ou du malheur de son amant, elle ne tarda pas à être de nouveau mise en question, car le vent ayant tourné, le vaisseau de Campagnac commença à être battu sans relâche par l'orage, et non seulement tout son gain, mais encore l'argent qu'il avait mis en réserve, s'évanouit de ses mains, et, ayant été conduit encore à jouer sur parole, il perdit jusqu'à celui qui devait lui être compté le soir; alors il ne fut plus question de rémission pour la pauvre d'Arquien, et à ce moment on eût demandé à Campagnac la vie de dix maîtresses, qu'il eût passé marché à dix écus.

XI

Neuf heures venaient de sonner à l'horloge du petit Saint-Antoine (1), quand une chaise s'arrêta dans la rue Cloche-Perche devant un logis de mauvaise apparence, à la porte de laquelle un des porteurs frappa rudement. A ce bruit, la lucarne d'une chambre située sur la gouttière

(1) C'était un monastère situé entre la rue du Roi-de-Sicile et la rue Saint-Antoine.

s'étant ouverte, une voix cria : Louison, est-ce toi?—Sur la réponse affirmative qui lui fut transmise, Campagnac vint ouvrir, et, introduisant Louison dans la maison, il laissa ceux qui l'avaient amenée dans un assez grand étonnement, qu'une femme richement parée et bien faite eût affaire, à pareille heure, à un pareil hôte, en pareil lieu.

Quant à Louison, elle ne fit attention ni à la raideur de l'escalier le long duquel il fallait se hisser au moyen d'une corde sale et graisseuse, ni à l'aspect hideux des murs suintant de toute part l'humidité et la moisissure, ni à la senteur infecte que les privés et les conduits où croupissaient les eaux ménagères répandaient dans toute la maison. Peu habituée à de tendres démonstrations de la part de son amant, elle était uniquement sensible à l'aimable idée qu'il avait eue, après leur brouille du matin, de lui donner un cadeau (1). Pour la première fois peut-être depuis que duraient leurs amours, Campagnac se faisait pour elle galant et empressé ; et, sans regarder au

---

(1) Du temps de Louis XIV, *donner un cadeau* signifiait donner un repas à des femmes. Dans les *Précieuses ridicules*, Mascarille dit à Jodelet : — Vicomte, as-tu ton carrosse? Nous mènerions promener ces dames hors des portes, et leur donnerions un cadeau.

négligé du lieu, Louison ne pensait qu'au plaisir que lui promettait le tête-à-tête auquel elle était conviée.

Comme avant-goût de la brillante réception qui l'attendait, la pauvre fille, en entrant dans la chambre de son chevalier, faillit à être suffoquée par l'épaisseur de la fumée qu'avaient jetée à l'envi la pipe de Campagnac et deux cotterets verts achetés pour la circonstance, et brûlant à regret dans la cheminée, où deux pavés leur servaient de chenets. Le reste de l'ameublement à l'avenant de cette magnificence consistait en une vieille tenture de tapisserie couvrant un peu plus du tiers de la muraille et ayant pu prétendre jadis à représenter au naturel le *Sacrifice d'Abraham*, avant que les figures de l'ange, d'Isaac et d'Abraham eussent été méchamment dévorées par les vers ; mais, du reste, on voyait encore fort distinctement le coutelas du patriarche et le paysage en verdure au milieu duquel la scène se passait. Au dessus de la cheminée étaient appendus une rapière que Campagnac avait de rechange et deux longs pistolets d'arçon disposés en croix de manière à former trophée : d'autre part, objet plus galant et moins terrible, un luth accroché au mur, et suivant l'expression de Molière dans son *Avare* : *garni de ses cordes ou peu s'en faut,* annonçait que le maître du logis ne dédaignait pas de se distraire des fatigues de la guerre par la culture des beaux-arts.

Cet instrument avait un étui ; mais, par un ingénieux détournement de sa destination première, cet étui était devenu le coffre où le chevalier, qui avait pour principe que l'homme, pour traverser cette vie périssable, doit se charger du moindre bagage possible, serrait le linge et les pièces de sa garde-robe qu'il ne portait pas habituellement sur lui. A cet inventaire, il faut ajouter un méchant grabat sans rideaux, un escabeau de bois sculpté ; un autre siége tapissé d'un vieux gros de Tours bleu céleste, que Campagnac était dans l'usage d'offrir aux hôtes auxquels il voulait faire honneur ; plus, une table à pieds tournés, qu'attendu la pente très-prononcée du plancher on assurait au moyen d'une forte cale. Cette table, d'ordinaire était recouverte d'un drap vert olive, sur lequel étaient épandus en permanence quelques jeux de cartes enfumés, un cornet et des dés. Pour le moment tout cet attirail de tripot avait fait place au souper.

Une fois établie en ce lieu de plaisance, après avoir à plusieurs reprises embrassé son cher chevalier, Louison entama la justification de sa conduite du matin, et, pour expliquer la méchante humeur dont elle avait été, elle se mit à raconter sa mésaventure de la surveille, faisant d'ailleurs prouesse de la manière dont elle s'était vengée de la duchesse en lui faisant connaître qu'elle était maîtresse du secret de son intrigue avec Roussi ; mais elle ne trouva pas Campagnac fort disposé à l'approuver de ses paroles audacieuses et insultantes, car il comprit clairement alors, ce qui avait amené sur la tête de sa maîtresse l'orage dont elle était menacée; il dit au contraire, en manière de morale, que l'on avait toujours tort de se jouer aux grands, et, trouvant là une occasion de préparer les évènemens qui devaient suivre, il essaya d'effrayer Louison sur les conséquences que son imprudence pourrait amener.

Mais celle-ci lui répondit en riant qu'elle ne redoutait aucune chose, l'ayant pour défenseur, et que, pourvu qu'il continuât de la bien aimer, elle n'avait souci de rien. Puis elle ajouta: « Ah! ça, ne mangeons-nous pas ? je me meurs de faim pour n'avoir presque rien pris d'aujourd'hui, tant je voulais me réserver pour le repas que tu me donnais. En même temps elle se mit à conter comment, précisément ce jour-là, tous ses amans s'étaient comme conjurés pour la mener à souper, et les adresses différentes avec lesquelles elle avait éconduit, pour ne pas manquer au rendez-vous de son cœur, un chanoine de la Sainte-Chapelle, deux jeunes conseillers des enquêtes et le maréchal de Grancey ; en un mot, comme elle le résumait plaisamment, le clergé, la robe et l'épée.

Campagnac écoutait gravement toutes ces folies, et comme il n'était pas accoutumé à se faire faire lui-même si bonne chère, il s'occupait, en bien mangeant, à s'appliquer le plus qu'il pouvait de la dépense que son souper, vraiment fort bien ordonné, lui avait causée. C'était donc à Louison de faire tous les frais de la conversation ; mais elle suffisait à cette tâche, et, en vertu de cette loi bizarre qui veut que les gens menacés à leur insu des plus grands dangers, soient souvent en proie à la plus folle joie, elle se laissait aller à tous les accès d'une gaîté désordonnée que le vin et les ragoûts ne devaient pas naturellement contribuer à reffréner. De son côté,

Campagnac ne resta pas long-temps insensible aux excitations de toute sorte auxquelles il livrait son estomac, et sa langue s'étant à la fin déliée, il entama deux sujets sur lesquels il était inépuisable, à savoir : ses coups d'épée et ses coups de jeu.

Pendant plus de deux heures, l'écoutant avec une patience et un intérêt qui, mieux que tout, peut-être, témoignaient de son fol amour, la pauvre fille se laissa assommer d'un nombre infini de méchans contes où l'imagination ne savait pas même suppléer à la vérité; cependant, malgré l'attention qu'elle essayait de prêter à ces fades récits, succombant sous l'interminable démonstration d'un coup de *lansquenet*, à laquelle il lui était impossible de rien comprendre, puisqu'elle ne connaissait pas ce jeu, elle finit par s'assoupir assez profondément. S'étant à la fin aperçu qu'il ne parlait plus que pour lui-même, Campagnac eut d'abord la pensée de profiter de ce sommeil pour accomplir le plus difficile de son entreprise, qui était d'enfermer une fille robuste, résolue, et qui ne devait pas manquer de faire une furieuse résistance, dans le singulier gîte qu'il lui destinait : mais il réfléchit qu'il y avait encore trop loin de l'heure où Dupuis devait venir pour prendre livraison de sa victime, et que celle-ci, se voyant ainsi ensachée, ne manquerait pas de pousser des cris qui finiraient peut-être par attirer les voisins; d'ailleurs son plan, ainsi qu'on le verra plus tard, était autrement arrangé.

Nous avons dit que Louison était une fort belle créature; tout en la contemplant dans son sommeil, Campagnac se sentit piqué de l'aiguillon de la chair, et, venant à marier des pensées voluptueuses avec les pensées de meurtre qu'il agitait en son ame, il voulut une dernière fois être encore amant avant de devenir bourreau. Ayant alors réveillé l'objet de sa convoitise, il imprima sur ses lèvres deux ou trois baisers avinés qui ne ressemblaient pas mal à ceux qu'une limace dépose en rampant sur un beau fruit, puis il commença de l'entraîner vers son grabat; mais à ce moment, comme si le ciel et la terre avaient horreur de ces odieuses épousailles, un vent violent du sud, qui, pendant toute la soirée n'avait cessé de battre dans la fenêtre, la fit céder sous un effort furieux et inonda l'intérieur de la chambre d'épais flocons de neige qu'il poussait devant lui ; en même temps un chien errant, mêlant sa voix aux sifflemens de la tempête, hurla lamentablement à travers la nuit, si bien que Campagnac lui-même fut surpris et épouvanté de ce cri sinistre et en sentit amortir tous ses feux.

— Il ne fait pas bon entendre hurler les chiens le soir, dit Louison à son amant après qu'ils furent revenus de ce mouvement d'effroi : — on dit que cela annonce la mort de quelqu'un.

— Le fait est, répondit Campagnac, que la veille du jour où je tuai d'un si furieux coup d'épée ce gendarme que tu sais, il avait eu toute la nuit, sous sa fenêtre, un chien qui s'était lamenté.

— Ah! voyons, laisse-là tes histoires de tuerie qui me font peur, répondit la courtisane. D'ailleurs, il doit être bien tard; voici le feu qui meurt dans la cheminée. J'ai froid; ne voulons-nous pas nous coucher?

— Minuit vient seulement de sonner, et nous avons ici une bouteille d'excellent *populo* (1)

---

(1) Liqueur du temps, faite avec de l'esprit-de-vin, de l'eau, du sucre, du musc, de l'ambre, de l'essence d'anis, de l'essence de cannelle, etc.

que nous n'avons pas même entamée; nous ne pouvons faire autrement que d'en boire quelques verres, qui nous réchaufferont mieux qu'un cotteret.

— A la bonne heure, repartit Louison, qui n'avait plus de volonté quand elle était avec cet homme; mais alors il faut que tu me chantes la chanson de Saint-Amant (1) : *Belle sur un grabat*.

— Ah! notre pauvre Saint-Amant! fit Campagnac, qui prétendait avoir été de son intime connaissance, bien qu'il ne l'eût jamais pratiqué. C'est vrai qu'il n'y a rien de tel que ses vers pour couronner une *crevaille*. En même temps il alla prendre son luth, l'accorda du mieux qu'il put; puis, d'une voix enrouée, il entonna la chanson suivante, en s'accompagnant sans mesure et sans goût :

> Belle qui sur un grabat,
> Sans rabat,
> Toute seule et toute nue,
> Étends à présent ton corps,
> Si ne dors
> Las ! oy (entends) ma déconvenue.

(1) Poète fort connu du temps : il était mort un an avant, en 1661.

Oy le triste ver coquin (ver rongeur)
  D'un mesquin (malheureux)
Sur qui Cupido s'acharne,
Et pour obliger son feu,
  Tant soit peu,
Mets le chief (la tête) à la lucarne.

C'est un pauvre adolescent,
  Innocent,
Feru droict à la poitrine,
Lequel sous ton bon plaisir,
  N'a désir
Que d'embrasser ta doctrine.

Les garrots (flèches) de tes regards,
  Doux hagards,
Dans son cœur leur pointe fichent,
Plus avant las ! que dans ton
  Peloton
Les épingles ne se nichent.

Les cotrets qu'à la Saint-Jean,
  Dans un an,
Dedans la Grève on allume;
Ne bruslent pas mieux que lui,
  Qu'aujourd'hui,
Ton œil ard, grille et consume.

Et combien (quoique) qu'il pleuve à flots
  Sur son dos
Qui n'en est pas beaucoup aise,
Cet orage dégoûtant,
  Nonobstant
Ne peut éteindre sa braise.

Combien dis-je que la nuit
 Sans nul bruit
De noires ombres le cerne,
Ce feu fait, que pour ses pas
 Il n'est pas
Ores (présentement) besoin de lanterne.

Si dessus le lac amer
 De la mer
Il estait dans un navire,
Les rots (soupirs) qu'il lâche pour toi
 Que je croi
Lui serviraient de Zéphirs.

Aussi les moulins à vent,
 Bien souvent
En ont mis les grains en poudre;
Et l'eau que pissent ses yeux,
 En maints lieux
D'autres moulins a fait moudre.

Moins de poils à ton matou,
 Qui dort où
Tu te repose la teste,
Qu'il n'a d'ennuis au cerveau,
 Le bon veau,
Tant ta beauté le tempeste!

Las! hélas! ô dur esmoy
 C'est de moy,
C'est de moy de qui je parle.
Si tu veux savoir mon nom,
 Ma guenon,
Je ne m'appelle point Charle (1).

(1) OEuvres de Saint-Amant, in-12. Paris, 1661.

XII

Au moment où Campagnac venait d'achever le dernier couplet de cette burlesque complainte, il crut entendre le bruit d'un carrosse qui s'arrêtait à la porte de la maison, et, ayant regardé par la fenêtre, il s'assura qu'il ne s'était point trompé. Comme Louison lui demandait ce que ce pouvait être, il lui répondit d'un air affairé, qui était des plus propres à lui inspirer les craintes les plus vives, qu'elle n'eût pas à se mettre en peine; en même temps, il prit son épée et descendit dans la rue.

Il trouva Dupuis dans le carrosse, qui lui demanda s'il était prêt.

— Pas tout-à-fait encore, répondit Campagnac; je ne sais quel diable d'argent vous m'avez donné, mais il ne m'a pas plus tenu aux mains que de l'eau claire qu'on y eût versée. Nous n'avons pas encore commencé notre œuvre, et la somme que vous m'avez donnée ce matin et celle que vous avez encore à me remettre, tout est englouti.

— Que puis-je faire à cela? répondit assez aigrement l'intendant, entrevoyant que l'honnête chevalier allait soulever quelque chicane.

— Mon Dieu, rien, repartit Campagnac; mais soyez juste, mon bon M. Dupuis, et convenez que je ne puis pas achever une si terrible action que celle de vous sacrifier ma maîtresse, sans en avoir au moins quelque dédommagement.

— Mais n'êtes-vous pas grassement payé avec trois cents pistoles que vous avez reçues?

— Puisqu'elles n'ont fait que traverser ma

bourse, vos trois cents pistoles, en suis-je plu avancé?

— Chevalier, je m'attendais à plus de loyauté de votre part; vous m'aviez donné votre parole.

— Et vous l'avez toujours, mon cher, mais entendez un peu la raison, et ajoutez quelque chose à la somme convenue, qu'il ne soit pas dit que j'aie travaillé pour rien.

— Et combien faudrait-il vous donner encore?

— La moindre somme, 200 écus.

— Allons donc, répondit Dupuis, avec colère, vous voulez nous saigner à blanc; avec l'argent seul dont je vous suis encore redevable, je trouverai quelqu'un.

— Eh bien! voyons, reprit Campagnac, marchandant comme s'il se fût agi de la vente d'une mule au marché aux chevaux, voulez-vous mettre les choses à 500 livres.

— Je ne veux plus avoir affaire à vous.

— Je me rabattrai jusqu'à 100 écus.

Dupuis fit mine d'ordonner à son cocher de partir.

— Écoutez, lui dit alors Campagnac, voilà

mon dernier mot, vous me donnerez 10 pistoles?

— Soit, 10 pistoles, puisqu'il faut absolument vous payer à deux reprises, mais vous vous hâterez.

— Je vous demande seulement quelques minutes, après lesquelles je vous prie, pour la réussite de mon plan, de monter avec votre cocher jusqu'à la porte de ma chambre ; là vous aurez soin de me menacer beaucoup, en disant que vous cherchez la d'Arquien que je cache chez moi.

Pour commencer la comédie qu'il jugeait nécessaire à l'achèvement de son dessein, Campagnac tira son épée, et se mit à s'en escrimer avec grand bruit contre la muraille, de manière à faire croire à un combat qui se livrait au bas de l'escalier. Remontant ensuite avec précipitation, il entra d'un air épouvanté dans la chambre dont il ferma vivement la porte sur lui ; comme s'il eût craint d'être poursuivi.

Louison déjà fort effrayée de ce qu'elle avait entendu, ne manqua pas de lui demander ce qui se passait. Eh mon Dieu! lui répondit Campagnac, j'avais bien raison de te dire qu'il ne fallait pas se jouer aux grands. La duchesse de Casa-Bella est furieuse et elle a envoyé des gens pour te faire un mauvais parti. Depuis ce matin continua-t-il j'avais eu vent de quelque mauvais dessein qui se tramait contre toi et je n'ai pas voulu t'effrayer d'abord ; mais, sachant qu'on devait cette nuit venir t'enlever de ton logis, j'avais voulu que tu la passasses ici, pensant ainsi déjouer le complot. Il paraît que les misérables, ne t'ayant pas rencontrée à ton domicile, ont supposé que tu pourrais être chez moi, et c'est pour les empêcher de pénétrer dans cette chambre, que j'ai été obligé de leur disputer le passage l'épée à la main.

— Au moins sont-ils partis, demanda Louison avec anxiété ? — Hélas ! non, reprit le traître ; voyant qu'ils n'auraient pas facilement bon marché de moi, ils ont dépêché l'un d'eux pour chercher du monde, mais ils se tiennent en bas, gardant toutes les issues, et tout à l'heure, quand ils vont revenir en force, je ne sais comment je pourrai leur résister.

— Donne-moi l'épée qui est là pendue, reprit la courageuse fille, et je me battrai à tes côtés.

— Que pourrons-nous faire contre une troupe armée ? Il vaudrait bien mieux pouvoir te cacher

8.

quelque part ; je les laisserais entrer, et, ne te trouvant pas, ils se retireraient.

— Mais où se cacher ici, répondit Louison ?

— Je ne sais vraiment, fit Campagnac, ayant l'air de chercher avec angoisse autour de lui. — Ah ! une idée, s'écria-t-il, comme s'avisant tout-à-coup d'une ressource. J'ai là un sac de toile ; si tu pouvais tenir dedans, ils ne soupçonneraient pas que tu puisses y être refugiée.

— Que je me mette dans ce vilain sac, mais je n'y pourrai respirer, et puis justement j'ai ma belle robe de brocard, que je vais bien accommoder ! — La pauvre malheureuse s'était parée de ses plus beaux atours pour ce rendez-vous qui lui tournait si mal ; et elle se montrait femme jusque dans l'extrême danger auquel elle croyait être exposée.

— Il s'agit bien vraiment d'une robe, quand il y va peut-être de ta vie ; reprit Campagnac. Je te dis qu'il n'y a pour toi que ce moyen de salut; et, en même temps, tenant le sac ouvert au dessus de la tête de la condamnée, il tâchait à l'insinuer dedans, à peu près comme une cameriste fait d'une robe avec sa maîtresse ; mais Louison se dérobait à ses efforts et ne se décidait pas.

A ce moment, les auxiliaires que ce méchant homme s'était ménagés intervinrent pour le tirer de peine. Commençant de frapper rudement à la porte et faisant la grosse voix, Dupuis demanda impérieusement qu'on lui livrât Louison d'Arquien, qu'il savait cachée là.

— Je vous ai déjà répondu qu'elle n'était pas ici, répondit Campagnac ; et en même temps il disait à sa maîtresse : Tu vois que nous n'avons pas d'autre moyen de sortir de peine. Mais celle-ci hésitait toujours, car elle n'avait pas une grande confiance dans l'expédient qu'on lui proposait.

— Chevalier, fit alors Dupuis, qui jouait très-bien son rôle, j'ai du monde avec moi ; si vous n'ouvrez, je vais enfoncer la porte. Évitez ce scandale, croyez-moi. — Oui, oui, évitez ce scandale, dit à son tour le cocher, qui était monté avec l'intendant, et auquel celui-ci ordonna de parler pour faire nombre et jeter plus d'épouvante dans l'ame de Louison.

— Voyons, finis-en, dit alors Campagnac avec colère, ou bien je vais leur ouvrir, car je n'ai pas envie de les laisser pénétrer de force, afin qu'étant furieux, et hors d'eux-mêmes de ma résistance, ils me tuent avec toi.

Louison aimait tant ce misérable, que ces dernières paroles firent plus que tout le reste pour la déterminer, habituée qu'elle était à céder en toutes choses à ses volontés, elle se laissa enfourer dans ce sac qui devait être son linceul, et ne se défendit plus.

Après avoir fortement lié l'ouverture, Campagnac se hâta d'ouvrir la porte, et Dupuis ayant renvoyé le cocher à ses chevaux, de peur qu'il ne leur prît envie de s'échapper par la rue, entra seul dans la chambre, où le bourreau lui montra aussitôt du doigt la victime préparée pour le sacrifice. Craignant cependant ses clameurs, dans le cas où, avant d'être sortie de la maison, elle s'apercevrait de la trahison dont elle était l'objet, Campagnac affecta de dire à haute voix, pour être bien entendu d'elle : — Vous voyez bien Monsieur, qu'il n'y a que moi en ce lieu, et vous auriez pu vous dispenser de l'insulte que vous m'avez faite.

— Il est vrai, dit Dupuis, que l'on nous avait trompés en nous promettant que nous trouverions ici la d'Arquien. La vérité est que je ne la vois pas. — Eh! mais, fit-il tout d'un coup, comme s'il venait à apercevoir le paquet que Campagnac lui avait déjà indiqué, ce sac me paraît assez propre à cacher quelqu'un ; et la chère fille ne serait-elle pas là ?

— Ma foi, mon cher Monsieur, répondit Campagnac, comme s'il s'avisait d'une audace désespérée, vous pouvez y voir si bon vous semble, mais vous n'y trouverez que le cadavre d'un homme que j'eus le malheur de tuer ce matin, dans cette chambre où il vint me provoquer ; et même, si vous étiez homme à me rendre un bon office, je vous demanderais, puisque vous avez en bas un carrosse, de m'aider à transporter quelque part le corps de cet adversaire que j'ai tué loyalement, je vous jure, et dont je suis ici fort embarrassé.

— Ce sont là de ces services, dit Dupuis, qui ne se refusent pas dans ce méchant temps où, sous peine d'avoir à faire au Châtelet, il faut se cacher pour se couper la gorge ; cela dit, il souleva l'un des bouts du sac, tandis que Campagnac s'emparait de l'autre, et ils commencèrent à descendre l'escalier.

Le premier mouvement de Louison, qui avait fort distinctement entendu cette conversation et qui se voyait ainsi à moitié aux mains de ses ennemis, fut un sentiment de terreur, et elle fut sur le point d'appeler à l'aide afin de tâcher à ameuter les voisins. Mais d'abord elle considéra que cette ressource pourrait bien ne pas être d'une grande utilité pour elle, car, à l'époque où se passe cette histoire, il se commettait à Paris, durant la nuit, tant d'audacieux attentats, que chacun était blasé sur les cris de détresse que l'on entendait par les rues, et la plupart du temps les bourgeois ne prenaient pas même la peine d'ouvrir leur fenêtre pour voir quels étaient les gens qui se tuaient. D'ailleurs étant à mille lieues de supposer que son amant pût être de complicité dans les mauvais desseins qui se poursuivaient contre elle, elle fut amenée à regarder le moyen qu'il avait pris pour la tirer de peine, tout effrayant qu'il était, comme une habileté qui lui offrait des chances de salut, et elle tâcha de son mieux à faire la morte et à ne point bouger; ce qui donna aux deux misérables toute commodité pour la porter jusqu'à la voiture où ils l'étendirent sur la banquette de devant, tandis qu'eux-mêmes se plaçaient au fond.

Le cocher ayant aussitôt touché, on marcha

pendant quelque temps sans rien dire, et il y aurait eu de l'humanité à continuer ce silence ; car, ne sachant pas au juste le danger qui la menaçait, Louison aurait été encore menée par une pente assez douce à sa destinée, qui se fût emparée d'elle brusquement ; mais il était dit que ses meurtriers ne lui épargneraient aucune des angoisses de son déplorable sort, car Dupuis se prit à dire :

— Savez-vous, Chevalier, que vous êtes un habile comédien, et que vous avez tout d'un coup bâti, avec ce cadavre d'un homme tué en duel, une fable si invraisemblable, que j'en suis presque inquiété ?

— Comment l'entendez-vous ? reprit Campagnac.

— Je veux dire qu'au résumé je n'ai pas vu mettre la personne dans le sac, et que vous auriez bien pu, si bon vous eût semblé, substituer quelqu'un à sa place.

— Ah ça, mon cher Monsieur, s'écria alors le chevalier avec colère, pour qui me prenez-vous, s'il vous plaît ? A votre avis, je suis donc capable de recevoir le prix d'une marchandise et de ne la point livrer ?

— Mon Dieu! je ne dis pas précisément que vous ayez fait la chose ; mais je dis qu'il est si étrange de voir quelqu'un mener les choses d'un si grand sang-froid, que l'on pourrait facilement soupçonner ici quelque supercherie, que l'amour d'ailleurs excuserait.

— Je vous l'ai déjà dit, je ne sais ce que c'est que l'amour, qui est la passion des enfans; mais je sais ce que c'est que l'honneur, et à quoi un homme est tenu quand il a donné sa parole. Je vous ai dit que je vous livrerais Louison d'Arquien : Louison d'Arquien est là, et, si bon vous semble, vous pouvez ouvrir le sac et y regarder.

Nous ne savons si les assurances données par l'honnête homme qui s'émouvait si fort à la pensée de n'avoir pas loyalement tenu son marché de sang, auraient convaincu son interlocuteur; mais la voix de Louison, qui avait pu facilement recueillir cette conversation, parce qu'ainsi que nous l'avons dit déjà, le carrosse roulait sans bruit sur une épaisse couche de neige, vint lever toute incertitude; car l'infortunée commença à se lamenter misérablement, en demandant ce qu'on voulait donc faire d'elle : en même temps, elle se livrait aux efforts les plus furieux pour rompre l'enveloppe où elle était emprisonnée, criant qu'elle étouffait, et qu'on lui donnât de l'air ; tantôt elle demandait grace en pleurant, tantôt appelait Campagnac des noms les plus odieux, puis revenait à le supplier et ensuite poussait des cris perçans pour tâcher d'être entendue du dehors ; si bien qu'à la fin, Dupuis, craignant que sa clameur ne vînt à éveiller l'attention de quelques gens ou celle du guet, s'il se trouvait sur leur chemin, lui dit brutalement de se tenir tranquille, ou qu'il lui donnerait du poignard à travers le corps. Épouvantée de cette menace, la malheureuse n'osa plus élever la voix, mais, dans son désespoir, elle se tordait comme une salamandre au milieu d'un brasier, essayait de mordre la toile, et poussait des sanglots si lamentables, que Campagnac en fut ému, et eut un instant quelque repentir de l'avoir livrée ; mais à ce moment, on était arrivé au terme de la course ; la pensée que toutes les souffrances de la victime allaient être finies, raffermissant sa résolution, il donna les mains à la précipiter dans le fleuve, et le crime fut consommé en présence de Lescalopier, ainsi que nous l'avons vu.

Si celui-ci, ainsi qu'il en avait eu un moment l'idée, était remonté derrière le carrosse afin de suivre les meurtriers, pour ensuite les livrer à la justice, il se fût trouvé fort désappointé, et aurait été probablement assez mal payé de sa curiosité, car, après avoir pris pour plus de sûreté un chemin différent de celui qu'ils venaient de parcourir, ils s'arrêtèrent au milieu de la rue pour régler leurs comptes, et tirèrent ensuite chacun d'un côté différent.

Le cocher, qui plus d'une fois en sa vie avait été déjà requis pour des services pareils, ayant été grassement payé du louage de son carrosse, s'en alla tranquillement dormir auprès de sa femme, ne s'inquiétant pas autrement de savoir l'affaire dans laquelle il avait trempé.

Quant à Dupuis, ayant loyalement soldé à Campagnac le prix principal du meurtre et le supplément qui avait été convenu, il s'empressa d'aller rendre compte à son maître du *bon succès* de l'entreprise.

Or, pour la consolation des ames honnêtes qu'a dû contrister le récit de telles horreurs, il est bon de voir quel fut ce succès et comment la Providence s'était jouée de toute leur prudence;

car Louison, dont on aurait voulu à tout prix obtenir le silence, était encore pleine de vie, et au lieu d'elle, ce fut Dupuis qui, le lendemain, sortit de ce monde, tandis qu'il essayait d'en pousser dehors Lescalopier jeté miraculeusement sur les traces du crime, et qu'il voulait tuer pour l'empêcher de parler. Et la grande dame, première conseillère du meurtre, qu'avait-elle gagné à tout cela ? d'avoir, outre Louison, Campagnac pour confident de ses désordres, et de s'endormir dans une fausse sécurité.

Pour Campagnac, son œuvre de la nuit n'était pas finie. Quelques lecteurs se seront étonnés peut-être qu'ayant dans la d'Arquien une fille qui fournissait à tous ses besoins, il eût consenti, même pour une forte somme, à égorger cette poule aux œufs d'or; mais il avait bien son idée ! Aussitôt qu'il se fut séparé de ses complices, il s'en alla droit au logis de la courtisane, où, quand un galant ne tenait pas sa place, l'on était accoutumé de le voir venir à toute heure de jour et de nuit; il eut l'air de s'étonner que Louison ne fût pas rentrée, et dit à la servante d'aller se coucher et qu'il attendrait le retour de sa maîtresse. Ayant alors fureté dans tous les meubles, forcé la serrure de ceux qui étaient fermés, il s'empara de tout ce qu'il trouva à sa convenance en argent, nippes et bijoux; et, ayant arrangé le tout fort proprement en plusieurs paquets, il retourna à la rue Cloche-Perche, en sa maison, où il se vit ainsi à la tête de valeurs assez considérables.

Dès la pointe du jour, pensant qu'il serait bon de laisser passer la première émotion de tous les évènemens auxquels il venait de se mêler si activement, il prit le carrosse de Lyon, où il résolut de séjourner quelque temps; si bien que Dupuis, qui naturellement avait eu l'idée de le prendre pour témoin dans son duel contre Lescalopier, apprit le lendemain son départ quand il se présenta à son logis.

Il ne faut pas croire au reste que le chevalier de Campagnac profitât de cet arrangement pour se dispenser de payer l'argent qu'il avait perdu la veille sur parole : pour son hôtelier, pour son bottier et ses autres fournisseurs, ils purent bien peut-être se plaindre d'avoir été oubliés; mais son créancier de jeu, qui à ses yeux était le plus sacré, reçut dans la matinée les cent cinquante pistoles qui lui étaient dues, plus la lettre suivante qui devait au besoin aider à mettre la justice en défaut :

« Mon cher marquis,

« Je ne puis te baiser avant de partir comme je l'aurais voulu, bien que tu m'aies hier furieusement étrillé. J'apprends que mon respectable père, le baron de Campagnac, est cruellement malade et en danger de mort, je n'ai que le temps de rassembler l'argent nécessaire à mon voyage, et je cours dans le Limousin recevoir les derniers embrassemens et la bénédiction de ce vieillard vénérable. Tu trouveras jointe à cette lettre la somme que j'ai jouée contre toi sur parole. Je ne te parle pas de ma revanche, car je ne sais maintenant quand nous nous reverrons, les affaires d'une succession considérable devant me tenir éloigné long-temps. Bien des complimens à tous nos amis, et crois pour ton compte au sincère attachement de ton fidèle compagnon de lansquenet,
« Hector de Campagnac. »

Après cette lettre, finit la première partie des aventures de Lescalopier et de Louison d'Arquien.

DEUXIÈME PARTIE.

I

Si la justice était réellement aussi habile qu'en toute occasion elle essaie de le faire croire, il faut convenir qu'une large pâture lui avait été préparée par tous les évènemens que nous venons de raconter; mais elle trouva le moyen de n'être avisée de rien, et dans cette belle curée sut à peine se ménager un os à ronger.

En apprenant que son intendant avait été tué

en duel, le comte de Roussi ne prit qu'un très-médiocre intérêt à ce malheur qui, au fond, lui ôtait le souci d'un homme vis-à-vis duquel il aurait été engagé à d'assez grands ménagemens par suite de la mission qui lui avait été confiée. Il comprit en même temps qu'il n'y aurait aucune prudence à faire intervenir le Châtelet dans cette affaire, n'étant nullement impossible que les recherches qui seraient faites sur la mort de Dupuis n'amenassent quelques fâcheuses lumières sur la manière dont il avait vécu. Ayant donc vu le père du défunt, il lui dit de ne se mêler de rien et qu'il se chargeait de toutes les démarches pour obtenir le châtiment du meurtrier, mais il fit précisément le contraire et s'employa du mieux qu'il pût à étouffer les poursuites, en sorte qu'au bout de quelques jours, vu le grand crédit dont il jouissait, toute action de la loi fut habilement amortie.

Pour ce qui est de la disparition de Louison, la mauvaise vie que menait cette fille fut cause qu'on ne s'en inquiéta point. Aucun indice ne se rencontrant pour faire supposer qu'elle eût été victime de quelque violence, on pensa qu'elle s'en était allée avec un galant, ainsi que faisaient souvent par caprice les femmes de son espèce, et aucune recherche n'eut lieu à son sujet. Restait donc pour les profits de MM. du palais le vol commis par Campagnac, et que la servante de la d'Arquien pour éviter d'être compromise leur dénonça le lendemain; mais la lettre que l'adroit coquin avait pris soin d'écrire le jour de son départ, servit très-heureusement à faire perdre sa piste, ainsi qu'il l'avait calculé. Le bruit ayant couru qu'il s'était retiré dans le Limousin, ce fut de ce côté qu'on le chercha; mais au lieu de lui, on ne trouva en cette contrée où il avait pris naissance, qu'un de ses cousins qui portait son nom, et qu'on commença provisoirement par soumettre à une très-dure question. Toutefois, après qu'on eût rompu les os à ce pauvre diable et qu'on l'eût estropié pour le reste de ses jours, on s'avisa que la conformité de nom avait pu amener quelque méprise et on le renvoya. Ainsi, dans ce beau jardin de crimes où l'on avait introduit la justice et où l'assassinat se mariait si galamment au meurtre, le meurtre au vol nocturne, elle ne sut pas même cueillir une fleur, et sans la consolation de cet innocent qu'elle se donna à torturer, on peut dire que la bonne fortune de tout ce mal eût été pour elle complètement perdue.

Les choses ayant ainsi tourné, Lescalopier et sa compagne ne furent nullement inquiétés dans le voyage que nous les avons vu entreprendre, et, à part le désagrément qu'ils eurent du voiturier qui avait promis de les mener très-vite, et qui trouvait une raison de s'arrêter dans tous les cabarets, leur fuite fut aussi heureusement conduite qu'on pouvait le désirer.

Étant résolus à ne pas donner à notre héros des mérites plus relevés que ceux qui lui appartiennent réellement, nous avouerons franchement, comme on a pu d'ailleurs l'entrevoir déjà, qu'un désintéressement absolu n'avait pas présidé à sa résolution de se charger de Louison. Voyant ainsi cette jeune beauté entièrement livrée à lui, le bon Lescalopier n'avait pas été sans quelque espérance d'être payé de son devoûment en cette monnaie que les femmes ne regardent pas souvent à donner pour rien. Aussitôt donc que la première crainte d'être poursuivi lui fut passée, le marchand gantier commença de se montrer auprès de sa compagne d'un empressement assez marqué. Mais Louison avait encore présent le poignant souvenir de l'attentat auquel elle n'avait échappé que par miracle. A l'idée de cette mort affreuse qui avait plané sur elle, s'ajoutait la pensée non moins horrible d'avoir été livrée par un homme qu'elle avait comblé de bienfaits et adoré; aussi, malgré son humeur d'ordinaire insouciante et joyeuse, elle n'avait pas tardé à échanger les terreurs auxquelles nous l'avons vue d'abord en proie contre une mélancolie sombre qui la rendait très-peu accessible à des idées de galanterie.

Une autre révolution, presqu'au même moment, s'était faite en elle : du même coup elle avait tout perdu ses douces habitudes d'existence, son avoir, car elle aurait craint, en faisant la moindre démarche pour en recouvrer quelque chose, de mettre ses meurtriers sur sa trace; son amant, qu'elle n'était pas bien sûre de mépriser et de détester assez pour ne pas l'aimer encore un peu malgré son crime abominable; on ne s'étonnera donc pas qu'après une pareille catastrophe et ayant vu la mort de si près, elle eût tout à coup été saisie d'un accès passager de dévotion; ceci d'ailleurs se comprendra mieux, si l'on se reporte au temps où se passe cette histoire et où la pensée religieuse exerçait une bien autre domination que celle qu'elle exerce aujourd'hui.

Il résulta de là, que Lescalopier, qu'on eût pu croire sur le chemin d'une très-facile bonne fortune, se trouva au contraire fort loin de compte et vint se heurter contre une de ces vertus de fraîche date qui ne se montrent jamais si intraitables que dans les premiers temps de leur jeune ferveur. N'étant pas d'ailleurs, vu le peu d'habitude qu'il avait de pratiquer les femmes, en état de reconnaître à qui il avait affaire, il ne gagna au contact continuel où le voyage le mettait avec Louison, qu'une passion très-violente que la beauté de cette femme, jointe à la réserve dans laquelle elle le tenait, commença de grandement développer. Il faut convenir que le pauvre garçon n'était pas né sous une heureuse étoile, il se trouvait altéré auprès d'une source, où d'ordinaire le premier venu pouvait puiser, et malgré tous les droits qu'il semblait avoir pour être admis entre tous les autres à s'y abreuver à l'aise, il se trouvait n'y avoir aucun accès; la source, par une sorte de révolution volcanique, s'étant tout-à-coup tarie.

Le vague pressentiment qu'avait eu Lescalopier, des bontés qu'on pourrait lui montrer, n'était cependant pas assez arrêté pour qu'on pût appeler du nom de désappointement le mauvais succès que rencontrèrent d'abord ses soins. Ne sachant rien des antécédens de Louison, bien loin de trouver étrange qu'elle gardât avec lui des manières réservées, il ne put s'empêcher de concevoir pour cette vertueuse conduite une estime singulière qui fit croître son amour d'autant; aussi le bon jeune homme, dont le cœur était encore neuf, et qui ne l'avait qu'à peine essayé à quelques bonnes fortunes de grisette, en vint bientôt à perdre l'appétit et le sommeil, et il n'était pas fort loin de se figurer, selon la folle croyance commune aux amoureux, que la femme qui l'occupait dans le moment était nécessaire au bonheur de toute sa vie.

Ce n'est pas cependant qu'il ne fît tous ses efforts pour se retenir sur cette pente et qu'il manquât à se raisonner. Malgré l'espèce d'intimité qu'avait dû établir entre lui et sa compagne la vie de voyageur, celle-ci n'en persistait pas moins à ne rien révéler touchant le crime dont elle avait failli être la victime. Ne pouvant rien comprendre à cette prodigieuse discrétion, Lescalopier essayait de s'en faire une arme contre son propre cœur, ne cessant de se répéter à lui-même qu'une femme qui s'entourait ainsi de ténèbres à plaisir, devait avoir dans son passé quelque côté défectueux et vulnérable dont devait se donner de garde tout honnête homme en voie de s'éprendre d'elle.

Mais au moment où il n'espérait plus voir cesser cette obscurité, qui l'empêchait de lâcher entièrement la bride à son amour, il arriva que Louison, se sentant dans sa dépendance, et craignant de le désobliger par les apparences d'une défiance trop prolongée, se décida à rompre le silence; de cette manière, le pauvre amoureux fut privé de la dernière sauve-garde qu'il aurait pu trouver dans ses doutes et dans son dépit.

Comme la tardive confidence à laquelle se décidait la courtisanne était toute de calcul, elle se garda bien de se laisser aller à une complète franchise où elle aurait vu le danger d'altérer la considération que lui accordait jusque-là Lescalopier. Toute confite que nous l'avons représentée en de saintes résolutions, elle pensa néanmoins devoir faire quelques petits arrangemens à la vérité, et, ayant eu le loisir de disposer de son mieux une histoire, elle eut soin de lui donner un tour des plus favorables, et qui ne devait faire que redoubler le tendre intérêt dont elle se sentait l'objet.

D'abord elle se donna pour veuve, et représenta le mari qu'elle était censée avoir perdu comme étant d'une très-bonne noblesse, et comme ayant servi avec beaucoup de gloire dans les troupes du roi où il commandait un régiment. Elle raconta ensuite qu'étant restée sans enfans mais avec très-peu de fortune, elle avait été conviée par un de ses parens qui avait épousé une des plus grandes dames de la cour, à venir loger chez lui pour tenir compagnie à sa femme.

Pendant quelque temps tout s'était bien passé entre eux, mais cette grande dame, qui avait cependant épousé son mari par passion, puisqu'il était d'une naissance et d'un bien très-inférieur aux siens, n'avait pas tardé à lier une intrigue avec un galant, et, ne se contentant pas de ce scandale, elle avait voulu que Louison devînt sa confidente et la complaisante de cette liaison. Loin de se prêter à ce vilain rôle, Louison avait représenté très-vivement à cette épouse adultère l'horreur de son crime, et pour essayer de lui faire rompre son coupable engagement, elle avait eu l'imprudence de la menacer de tout révéler à son mari, quoiqu'au fond elle n'en eût point la pensée. Mais le zèle pour les intérêts de son parent lui avait très-mal tourné ; car la femme qu'elle avait essayé de ramener dans les voies de l'honnêteté, avait les passions les plus furieuses, et, de concert avec son amant, elle avait essayé de se défaire de Louison, ainsi que Lescalopier en avait été le témoin.

— Maintenant, continua-t-elle, vous pouvez comprendre, mon généreux sauveur, les raisons qui m'ont fait trop long-temps hésiter à vous confier les détails de ma terrible aventure ; car vous aviez montré le dessein de poursuivre à outrance les coupables, et mon esprit se révoltait à la pensée que le nom d'un parent qui a toujours été très-bon pour moi pût être flétri par un jugement du parlement qui eût condamné sa femme comme meurtrière, et c'est par cette raison, ajouta-t-elle en finissant, que je vous prie de ne me point demander ma famille ; car, portant le même nom que l'infortuné mari que je viens de vous présenter, ce serait vous dire tout son secret, que j'ai résolu au contraire de garder inviolablement, fût-ce au péril de ma vie.

On voit que, dans cette histoire, un fonds imperceptible de vérité était mêlé aux mensonges les plus effrontés. Mais elle était assez bien inventée pour ôter à Lescalopier toutes les défiances qu'il avait pu concevoir, et, en outre, elle lui montrait Louison sous un jour très-avantageux, en donnant à toutes les réticences que celle-ci était obligée de faire sur son passé et sur sa famille une couleur de généreux dévoûment. Lescalopier, dans l'ardeur de sa passion, ne demandait qu'à être trompé, et il se serait contenté d'un roman beaucoup moins vraisemblable; il donna donc en plein dans toutes ces bourdes, et se tint pour pleinement renseigné.

Mais, ce souci ôté de son esprit, un autre lui restait : ainsi qu'elle le lui avait laissé entendre, Louison était pour le moment sans aucun moyen d'existence, et c'était évidemment sur lui que devait peser le soin de pourvoir à ses besoins. Depuis long-temps déjà notre marchand gantier avait ruminé un plan où les droits de l'hospitalité, aussi bien que les intérêts de sa passion, semblaient devoir trouver leur compte. Quand il crut avoir acquis la certitude d'avoir affaire à une femme de condition, il se trouva assez empêché pour lui faire la proposition qu'il avait d'abord méditée, et ce ne fut qu'avec des ménagemens extrêmes qu'il essaya d'amener sa noble compagne à traiter avec lui la question très-délicate de leurs futures relations.

Dès la première parole, un coup très-dur fut porté à son amour, Louison ayant parlé de se retirer en un couvent pour s'y faire religieuse. Heureusement ce dessein était plus facile à prendre qu'à exécuter, car, comme le dit très-bien M. de La Bruyère en son livre des *Caractères*: « Il s'est trouvé des filles qui avaient de la vertu, de la santé, de la ferveur et une bonne vocation, mais qui n'étaient pas assez riches pour faire en une riche abbaye vœu de pauvreté. » Notre belle repentie se trouvait justement dans ce cas, et Lescalopier n'hésita pas à lui avouer d'une façon qui n'avait rien d'ailleurs de désobligeant, qu'il la verrait avec trop de peine prendre une pareille résolution pour vouloir l'y aider en quelque chose.

Naturellement alors Louison demanda ce qu'il

prétendait faire d'elle ? Lescalopier lui répondit qu'il y avait déjà fort pensé, mais que toutes ses réflexions n'avaient abouti qu'à un expédient auquel elle n'accorderait peut-être pas son approbation. Ainsi qu'il l'avait calculé, il fut convié à s'expliquer plus clairement; et, se décidant alors à aborder franchement la difficulté, il exposa à Louison que depuis long-temps les besoins de son commerce lui conseillaient de prendre femme, et il ajouta que c'était dans le but de se marier qu'il s'était rendu récemment à Paris. Son mariage ayant manqué, il allait se trouver dans l'obligation d'avoir chez lui une personne pour le seconder dans la vente de sa ganterie; si Louison, continua-t-il, eût été d'une condition moins relevée, il n'aurait pas hésité à lui offrir cette humble ressource, mais il était le premier à convenir qu'une situation pareille était peu digne d'elle, et il ne lui en parlait qu'après de longues hésitations.

Si Louison eût été vraiment de qualité, elle eût su que la première noblesse du monde est de se suffire à soi-même, et de ne rien devoir à personne. Alors, bien loin de repousser l'offre qui lui était faite, obligée qu'elle était de vivre aux dépens de Lescalopier, elle eût saisi avec empressement ce moyen qui se présentait de s'acquitter envers lui. Mais la mauvaise éducation de cette fille jointe à l'oubli que font si facilement de leur condition première, les gens venus de bas lieu, ne lui laissa apercevoir dans le cordial arrangement proposé par Lescalopier, que la prétendue humiliation où elle allait être réduite. Noble fille d'un cordonnier de la rue de la Huchette, et ayant quitté l'échoppe de son père pour tenir boutique d'elle-même, et se vendre au premier venu, vous conviendrez, en effet, que Louison d'Arquien ne pouvait se permettre, sans déroger, de paraître dans un comptoir pour gagner honnêtement sa vie du travail de ses mains. Elle s'avisa d'ailleurs en vraie précieuse de Molière, d'une difficulté que la pruderie la plus transcendante avait pu seule imaginer : Lescalopier n'étant pas marié, elle ne pouvait, lui répondit-elle, vivre ainsi avec lui sous le même toit, sans s'exposer à se perdre de réputation.

Cette objection, qui était absurde dans la position tout exceptionnelle où se trouvait Louison, fut d'autant moins du goût de Lescalopier, qu'elle lui montra le peu de progrès qu'il avait fait dans les affections de la chaste fille. Pour peu, en effet, qu'elle eût eu quelque disposition à l'écouter, elle n'eût point pensé à cette étude raffinée des convenances. Aussi, notre marchand gantier en fut-il à la fois blessé dans son amour-propre et découragé dans son amour.

— De tels arrangemens, se prit-il à dire, se font journellement sans scandale dans le commerce, et j'aurais cru qu'une veuve surtout n'était pas tenue à des ménagemens d'une si extrême délicatesse. D'ailleurs, continua-t-il, vous n'auriez pas été seule chez moi, où j'ai une servante très-honnête fille, qui eût rompu le tête-à-tête.

Louison ayant répondu d'un air collet-monté que cela ne lui paraissait pas suffire, il ne fut plus parlé de rien durant le reste du voyage, qui s'acheva d'un froid assez marqué.

II

Cependant, quand ils commencèrent d'avoir Grenoble en vue, Louison ayant aperçu, sur le coteau qui domine une partie de la ville, un édifice d'assez belle apparence, elle demanda quelle était sa destination.

— C'est, répondit Lescalopier, Sainte-Marie-d'en-Haut, un couvent de filles de la Visitation, où vous seriez mieux que partout ailleurs, si vous persistiez à entrer en religion.

— Sais-je maintenant ce que je veux faire? repartit Louison, comme désintéressée de toutes choses.

— Il faut cependant vous arrêter à un parti, car, avant une demi-heure, nous serons rendus à notre destination, et il faut bien que vous me fassiez connaître où vous voulez que je vous dépose en arrivant.

Après avoir donné cours à son impertinente vanité et refusé d'abord de partager le toit du marchand gantier, Louison avait réfléchi et s'était facilement convaincue qu'elle n'avait au moins provisoirement aucune autre ressource : d'ailleurs l'air froid et cérémonieux que Lescalopier n'avait pas cessé de prendre avec elle depuis leur dernière explication avait produit un effet sur lequel peuvent compter en général les amoureux qui emploieront le même moyen. Les femmes, en fait de conquêtes, sont comme les avares, elles aiment à amasser pour amasser, et lors même qu'elles voient l'amour d'un homme avec une parfaite indifférence, il ne leur est point agréable qu'il s'en guérisse, parce que cela fait une place vide dans leur médaillier, et que la toute-puissance de leurs charmes est ainsi mise en question; d'ordinaire quand elles s'aperçoivent qu'un cœur va leur échapper, elles font à cet esclave qui tente de s'affranchir quelques douces prévenances pour l'engager à reprendre sa chaîne, et s'étudient ainsi à regagner le terrain qu'elles ont perdu. Ainsi fit Louison en cette circonstance; quoiqu'elle n'eût eu jusque là aucune idée d'aimer Lescalopier, elle éprouva cependant quelque déplaisir au changement qui paraissait s'être opéré en lui à son égard, et en même temps qu'elle se résignait par raison à devenir sa commensale, tâchant à le ramener par quelques bonnes paroles, elle lui demanda d'un air de tendre reproche s'il était donc bien las d'elle, qu'il parlât ainsi tranquillement de la nécessité de se séparer.

— Je suis si peu las de notre relation, reprit Lescalopier, que j'avais pris sur moi de vous proposer le seul arrangement qui me parût possible pour m'éterniser avec vous. Vous y avez vu des difficultés que je n'avais pas soupçonnées, il faut bien alors que je vous demande quel est l'autre parti auquel vous vous êtes résolue?

— Je suis résolue, repartit Louison, à faire tout ce que vous jugerez bon.

— Mais, dit Lescalopier, ce n'est pas là répondre; je n'ai nulle envie de porter atteinte à votre réputation ; je ne puis donc vous faire descendre chez moi : car, à n'y passer qu'une nuit, vous seriez tout aussi compromise que si vous y passiez des mois et des années.

— Vous êtes donc un homme bien entier dans vos idées, que vous ne souffriez pas même qu'on les discute avec vous, et qu'on y fasse la moindre contradiction ? Si j'ai eu tort l'autre jour en vous refusant et que je reconnaisse que mes scrupules étaient mal fondés, ne pouvez-vous donc m'accorder mon pardon ?

Ces paroles affectueuses émurent plus qu'on ne saurait dire le bon Lescalopier, qui répondit d'un ton pénétré : Je ne me tiens nullement pour offensé de votre refus; c'est à moi de regretter de n'être pas un plus grand seigneur pour pouvoir vous offrir un asile digne de vous. Cependant, comme la personne qui entrera chez moi sera entourée d'égards, comme elle n'y commandera pas moins que moi, que je tâcherai à lui procurer tous les plaisirs et toutes les distractions qui seront à ma portée, j'avais cru pouvoir vous offrir une situation.....

— Que je suis maintenant décidée à accepter, lui dit Louison en l'interrompant.

— Mais au moins est-ce de bon cœur et sans répugnance?

— D'aussi bon cœur que vous me la proposez, et voilà ma main que je vous donne comme arrhes de notre marché.

Lescalopier saisit cette main qui lui était offerte, et, la serrant dans les deux siennes avec une effusion passionnée, il la couvrit de baisers sans qu'on fît aucune résistance à le laisser jouir de cette tendre privauté, la seule qu'il eût en-encore osé risquer ; nous devons même ajouter qu'une légère pression, venue de la main prisonnière, répondit aux lèvres brûlantes qui s'imprimaient sur elle : on voit qu'à cette fois la traîtresse avait décidé avec elle-même que le cœur du gantier ne lui échapperait plus !

Il pouvait être sept heures et demie du soir quand, après cette paix conclue, le voiturier qui avait amené les voyageurs les arrêta dans une des rues du quartier de *Bonne*, où était situé le logis de Lescalopier. Celui-ci, dans le doute où il restait encore des suites que pourrait avoir pour lui la mort de Dupuis, avait désiré arriver incognito, et avait lui-même encouragé le voiturier à retarder sa marche, de manière à n'entrer en ville que de nuit; mais le bruit d'un carrosse cheminant le soir à travers les rues silencieuses et désertes était alors à Grenoble quelque chose d'assez insolite pour attirer aux portes et aux fenêtres une notable partie de la population. Ce fut donc en quelque sorte au milieu d'une haie de voisins et de connaissances que Lescalopier fit son entrée *secrète*. Du reste, il dut penser dès ce moment qu'aucune disposition inquiétante n'avait été prise à son égard, car si quelque désagréable occurrence l'avait menacé, il se serait trouvé certainement vingt bons amis pour le saluer de cette mauvaise nouvelle dès son arrivée.

On comprend que la présence d'une femme accompagnant Lescalopier n'échappa point à la curiosité éclairée de l'imposante réunion de commères qui s'était formée pour assister à son débarquement. Toutefois, comme on savait qu'il était allé à Paris dans le but de s'établir, la présence de Louison ne fut l'occasion d'aucun fâcheux commentaire et d'aucun scandale : loin de là, comme la question pour chacun des assistans était de recueillir sur celle que l'on croyait *la mariée*, sur sa taille, sur sa figure, sur la couleur de ses cheveux, d'amples et solides renseignemens, desquels on pût bientôt après se faire honneur dans le quartier, ce fut à qui s'empresserait à l'aider pour descendre de voiture, à qui lui offrirait asile en attendant que l'on eût trouvé la servante de Lescalopier, qui ne se rencontra pas au logis. A la fin, cette fille arriva tout essoufflée, et, après avoir commencé par faire assez plaisamment une querelle à son maître de ce qu'il ne l'avait pas avisée de son retour, elle ouvrit la porte et permit aux voyageurs de se soustraire aux fatigantes manifestations de zèle dont ils étaient l'objet.

Pendant que la servante préparait le souper, Lescalopier mena Louison dans la plus belle chambre de la maison, celle qui s'appelait la chambre jaune, à cause d'une tenture en serge de Nîmes, de cette couleur, dont elle était tapissée. Elle était située au premier étage, ayant deux fenêtres sur la rue et dans une exposition très-gaie ; c'était là que le père et la mère de notre héros avaient vécu et étaient morts, et l'on pouvait encore remarquer leurs portraits, faisant partie de l'ameublement séculaire qui décorait le lieu. Après le décès de ses parens, Lescalopier, qui était fils unique, était resté seul maître du logis, et avait, à son tour, habité cette chambre, où lui-même était né. Malgré tous les pieux souvenirs dont pour lui elle était pleine, il n'hésita pas à s'en déposséder, et, malgré les objections que Louison essaya de faire à cet arrangement, il voulut que ce fût elle qui l'occupât dorénavant.

Un feu clair et pétillant ayant été allumé dans la cheminée, la table fut dressée auprès, et dans ce premier repas pris tête à tête, Lescalopier se fit une douce image de tout le bonheur dont sa vie allait être embellie désormais. Mais un nuage de tristesse ne tarda pas à se répandre sur le front de la courtisane, car ce souper lui rappelait la dernière et funeste soirée qu'elle avait passée avec le traître Campagnac, son amant adoré. Sa préoccupation devint même si marquée, que le marchand gantier s'en inquiéta, et il lui demanda si elle avait déjà regret à sa résolution. Ne pouvant pas dire les pensées qui l'occupaient, Louison expliqua son abattement par la fatigue du voyage, en sorte que Lescalopier ne pensa plus qu'à la laisser seule pour qu'elle pût reposer.

La servante de Lescalopier était tombée dans la même méprise que tous les voisins qui avaient assisté à son arrivée : elle avait cru que Louison était sa femme; elle ne fut donc pas peu surprise quand elle remarqua l'air de cérémonie qui existait entre les époux, et surtout quand elle reçut l'ordre de préparer le lit de son maître dans une chambre située dans une tout autre partie de la maison. Il lui parut si étrange que deux nouveaux mariés se conduisissent avec cette froideur, que, lorsqu'elle fut seule avec Lescalopier, elle ne put se tenir de lui en montrer son étonnement, lui demandant si c'était qu'il y eût déjà entre eux quelque brouillerie.

Naturellement, le prétendu mari la tira de son erreur, et lui dit la situation que la nouvelle venue, sur laquelle d'ailleurs il ne s'expliqua pas davantage, allait prendre dans la maison. Cette fille se serait, quoiqu'à regret, décidée à abdiquer entre les mains d'une autorité légitime la suprême puissance qu'elle avait jusqu'ici exercée sur le ménage de Lescalopier; mais quand elle apprit qu'une étrangère allait faire concurrence à sa dictature, elle prit de cet arrangement un vif déplaisir ; alors, soit que le tact assez fin qu'ont les femmes pour se juger entre elles eût servi à l'éclairer, soit qu'elle ne parlât qu'au nom des préventions que lui créait le regret de sa royauté menacée, elle n'hésita pas à dire à son maître que la nouvelle venue ne convenait en aucune manière au rôle qu'il lui destinait; qu'elle ne manquerait pas, à cause de sa jeunesse et d'un air de coquetterie répandu en toute sa personne, de devenir l'objet de commérages et de commentaires très-peu favorables à la considération de la maison ; enfin, il n'est pas d'inconvéniens et d'embarras qu'elle ne déclarât voir à la présence de Louison ; on comprend, sans que nous le disions, le peu de souci que Lescalopier prit de toutes ces paroles, et l'état qu'il en fit.

Le lendemain, aussitôt qu'il put croire que sa belle associée était levée, il frappa à sa porte le plus respectueusement du monde, et vint savoir comment elle avait passé la nuit; et même il prit un tour aussi délicat qu'ingénieux pour lui faire accepter les objets de toilette et les nippes dont elle avait un indispensable besoin, puisqu'elle était partie de Paris sans rien emporter à son usage. Il lui dit que, dans l'intérêt de son commerce, il désirait avoir une personne ajustée avec élégance, parce que cela donnait bon air à un magasin; il l'a pria donc de permettre qu'il fît venir une tailleuse à laquelle elle commanderait quelques habits. La d'Arquien, pour la forme, fit un peu de résistance, mais elle trouva au fond la proposition fort de son goût, et ne put s'empêcher de reconnaître que, pour un homme de la bourgeoisie, c'était se conduire d'une assez galante façon. Il fit également une démarche fort bien venue en déposant entre les mains de Louison le premier quartier de la pension qu'il déclara vouloir lui payer pour prix des soins qu'elle donnerait à son commerce; malheureusement, un instant après, le pauvre Lescalopier détruisit lui-même tout le bon effet de cet heureux début, car, comme il s'agissait de procurer à cette belle indigente, indépendamment de la toilette de dessus, le linge de corps dont elle était également dépourvue, il eut la fâcheuse pensée de lui dire qu'il s'en était trouvé une grande quantité en un très-bon état de conservation après la mort de sa mère, et il offrit tout naïvement de la mettre à sa disposition. Habituée à une extrême recherche en tout ce qui concernait sa personne, Louison accueillit avec un dédain mal déguisé l'offre de cette munificence économique, et certaines femmes sont ainsi faites, que tout le bon effet des autres soins de l'honnête jeune homme fut annulé par cette malencontreuse proposition.

Cependant, dès le jour même, s'étant parée de son mieux, Louison descendit à la boutique où elle entra dans l'exercice de sa nouvelle profession de marchande, et elle ne tarda pas à s'apercevoir que cette situation serait beaucoup plus supportable qu'elle ne l'avait supposé. Aussitôt, en effet, que les oisifs qui abondent toujours dans une ville de province l'eurent aperçue à travers le vitrage du magasin, ils commencèrent à entrer sous le prétexte très-commode de faire emplette de gants, et en une journée Louison entendit plus de douceurs qu'elle n'en recueillait dans une année avec ses amans de Paris, qui se piquaient bien plus de la payer en beaux écus qu'en complimens.

Quoique cette dernière monnaie soit mêlée de bien de l'alliage, elle ne laisse pas assez ordinairement de sonner agréablement à l'oreille des femmes, surtout quand, ainsi que Louison, elles ont la tête vide et légère, et que toutes leurs idées ont toujours été tournées vers la galanterie. Ce premier jour lui passa donc beaucoup plus vite qu'elle ne l'aurait supposé, et quand, le soir, Lescalopier lui demanda si elle pensait pouvoir s'habituer au métier qu'elle avait entrepris, elle lui répondit qu'elle s'y sentait beaucoup moins de répugnance qu'elle n'avait cru, et qu'elle n'aurait jamais pensé en prendre si facilement son parti.

Les jours suivans, l'affluence des acheteurs fut encore plus grande, car Lescalopier crut aller au devant des mauvais propos en faisant savoir lui-même à tout venant que Louison n'était point sa femme, comme on l'avait d'abord supposé, mais bien une personne de condition que des malheurs avaient réduite à la position où on la voyait. Cette confidence, qu'il faisait à chacun, fut un grand encouragement pour les galans, que la difficulté toujours assez grande de se faire écouter par une femme nouvellement mariée eût peut-être retenus. La renommée ayant répandu bientôt hors du quartier le bruit des charmes de la belle gantière, il n'y eut pas dans la ville un seul cœur, pourvu qu'il ne fût pas trop occupé ailleurs, qui ne commençât à se tourner vers elle et à lui adresser plus ou moins directement ses hommages. L'encombrement et l'empressement des galans devinrent même bientôt si marqués, qu'il y eut eu pour Lescalopier de quoi prendre de la jalousie; mais outre que Louison était encore en ce moment dans la première ardeur de sa dévotion, la comparaison qu'elle faisait entre les façons de ces amoureux de province et les manières nobles et élégantes des jeunes seigneurs de la cour, qu'elle avait habitué de fréquenter, la rendait beaucoup moins facile à la tentation. Qui ne sait d'ailleurs que le grand nombre des soupirans est bien souvent pour une femme la meilleure chance de n'en écouter aucun ?

Tout en prenant donc un certain plaisir à aspirer tout cet encens, elle y demeurait à peu près aussi impassible qu'une idole, et par la manière enjouée dont elle rendait compte à Lescalopier de toutes les folles déclarations qu'elle recevait à la journée, elle lui donnait une parfaite insouciance de toute cette jeunesse éventée qui s'empressait autour d'elle. Il faut en outre remarquer que la vie vraiment exemplaire qu'elle menait, le goût qui lui avait pris d'assister le plus souvent qu'elle pouvait aux offices de l'Église et aux sermons des prédicateurs qui étaient pour le moment les seules distractions qu'elle voulût prendre, devenaient une autre garantie de sa sagesse, qui bientôt ne tarda pas d'être aussi célébrée dans Grenoble que sa beauté.

Peut-être cependant cette grande insensibilité de Louison à toutes les entreprises qui se faisaient contre elle n'aurait-elle pas dû envelopper dans les mêmes dédains la passion bien autrement sérieuse que lui montrait Lescalopier. Depuis plus de deux mois qu'ils habitaient sous le même toit, celui-ci n'avait cessé de solliciter par ses attentions et ses prévenances un regard un peu plus favorable pour son amour, et bien que, par suite d'une timidité insurmontable, il n'eût rien déclaré de ses sentimens, il était impossible qu'ils eussent échappé à celle qui en était l'objet. Mais comme si, après la déception qu'elle avait rencontrée dans son commerce avec Campagnac, elle avait à jamais muré la porte de son cœur, la cruelle fille faisait semblant de ne rien voir de tous les efforts que faisait Lescalopier pour se faire aimer d'elle. A chaque fois qu'après avoir cru prendre une très-ferme résolution de se déclarer, il cherchait à amener l'occasion d'un aveu, la courtisane, jouant au mieux la grande princesse de théâtre, savait se donner un air digne et sévère qui glaçait les paroles dans la bouche du pauvre amoureux. Tous les jours il se promettait à une autre fois d'être plus osé et plus entreprenant, mais sa courageuse résolution l'abandonnait à la première rencontre, et c'était toujours à recommencer

III

Dans la lice des soupirans qui s'occupaient à faire la conquête de Louison, se présenta cependant, à la fin, un assaillant nouveau, qui parut avoir quelque chance particulière de triompher : c'était un jeune chevau-léger, appartenant à une des bonnes familles de la ville, et qui, ayant quitté pendant quelque temps sa compagnie pour visiter ses parens, avait apporté de Paris et de la cour quelques uns de ces airs cavaliers que l'ancienne maîtresse de Biran et de Roussi regrettait si fort de ne pas trouver dans ses adorateurs de l'endroit.

Ce prétendant, en habile séducteur, se garda bien de commencer par faire montre de ses projets; seulement il avait soin de faire une ample provision de gants, et revenait souvent pour en acheter.

Il entretenait Louison de sujets qui lui agréaient plus que tous autres, lui parlant du Cours, de la foire Saint-Germain, des comédiens de l'hôtel de Bourgogne, des parties de masque qui se faisaient journellement dans le quartier de la place Royale, et de tous les amusemens dont elle supportait avec tant de déplaisir d'être privée. Aussi, quoique ce jeune homme ne se fût pas frotté à la plus brillante galanterie de l'époque, puisque, pour ne pas avoir connu à Paris la d'Arquien, il témoignait n'avoir pas hanté les jeunes seigneurs les plus à la mode, celle-ci le supportait plus volontiers qu'elle ne faisait de ses rivaux, et lui faisait de jour en jour un meilleur accueil; singulier caprice de femme, d'aller insensiblement s'éprendre d'un jeune muguet, qui ne lui avait pas encore dit une parole d'amour, mais que lui faisait distinguer un peu de parfum parisien, répandu en sa personne, tandis qu'après les insignes obligations qu'elle avait à un honnête homme, sans cesse occupé de lui témoigner un ardent amour, elle ne pouvait se décider à le payer de quelque retour.

Pendant que ce commencement de bienveillance se développait doucement au cœur de Louison, combattu cependant assez vivement par les pieuses résolutions qu'elle avait embrassées, un évènement assez heureux, survenu dans l'existence de Lescalopier, le força pour quelques jours de quitter Grenoble. Un de ses oncles, qui était chanoine de l'église cathédrale de Valence, lui ayant laissé par testament tout son bien, il dut aller en personne mettre ordre aux affaires de l'hoirie, laquelle était grevée de plusieurs legs particuliers, que l'héritier avait expressément la charge de délivrer lui-même aux légataires.

Quoique cette absence ne dût pas durer au delà d'une semaine, Valence ne se trouvant qu'à une très-petite distance de Grenoble, et la succession étant très-simple à liquider, ce ne fut pas sans un grand déchirement de cœur que Lescalopier se sépara de sa chère Louison ; après l'avoir fort instamment priée de lui écrire, et avoir recommandé à la servante d'avoir d'elle tous les soins imaginables, il se mit en route, se promettant bien d'abréger son absence autant qu'il le pourrait.

Le préféré de Louison vit dans cette circonstance une chance très-favorable pour le succès de ses poursuites ; ne voulant pas tarder davantage à se déclarer, il fit dès le lendemain à la belle gantière une très-ardente confidence de ses sentimens, et celle-ci écouta leur expression sans trop de colère, bien qu'elle ne les encourageât pas ouvertement ; mais le galant, qui voulait voir son œuvre en bon chemin avant le retour de Lescalopier, qu'il regardait comme très-dangereux rival, déploya toutes les séductions dont il était capable, et fit assez rapidement dans le cœur de la courtisane une assez large brèche pour espérer de l'amener bientôt à battre la chamade et à se rendre à discrétion.

Une fois qu'une femme a commencé de se laisser entamer, surviennent facilement les fausses démarches. C'est ainsi que Louison, quoique n'éprouvant pas vraiment d'amour, fut entraînée à accorder un rendez-vous qui lui fut demandé avec la dernière instance, sous prétexte qu'on ne pouvait pas causer à l'aise dans le magasin, où l'on était à tout moment dérangé par quelques importuns.

Feignant d'aller entendre le salut à l'église Sainte-Claire, Louison sortit un soir, des mieux parée, et alla retrouver son officier sur la promenade du Mail, qui, à pareille heure, était assez peu fréquentée pour qu'on n'eût à courir aucun risque d'y être rencontrée.

Mais la d'Arquien ne s'était pas assez donné de garde d'un danger qui la menaçait à son insu.

La servante de la maison, avec laquelle elle n'avait pas cessé de vivre en mauvaise intelligence depuis son arrivée, avait l'œil fort ouvert sur elle, et n'avait pas manqué de remarquer les grandes assiduités du plus heureux de ses soupirans. Le mauvais vouloir dont était animée cette fille lui faisait vivement désirer de prendre Louison en faute, afin de pouvoir rapporter à Lescalopier le mal qu'elle aurait surpris. Elle croyait pouvoir compter que, si elle avisait sûrement celui-ci de quelque coquetterie, il mettrait dehors la coupable, lui restituerait ainsi à elle-même l'omnipotence domestique dont elle ne se consolait pas d'avoir été dépossédée; un sentiment plus généreux la conseillait d'ailleurs : s'étant fort bien aperçue de la folle passion que son maître nourrissait pour sa demoiselle de comptoir, elle n'avait pu voir sans indignation l'impertinence superbe avec laquelle cette femme qu'il avait si généreusement recueillie rejetait son amour, et elle tâchait de découvrir en cette belle indifférente quelque chose d'indigne, espérant que la considération de ses déréglemens amènerait Lescalopier à se guérir, et lui ferait recouvrer la tranquillité qu'il avait perdue.

S'étant donc doutée de quelque chose en voyant Louison sortir pour son rendez-vous, elle la suivit de loin et se convainquit par ses propres yeux de l'intrigue qu'elle avait jusqu'alors soupçonnée.

Le lendemain de cette découverte, Lescalopier étant de retour, elle n'eut rien de plus pressé que de le régaler de cette belle histoire qui le mit dans un émoi que l'on peut imaginer.

La jalousie, qui est une passion bien autrement impétueuse que celle de l'amour, le fit sortir de cette réserve timide qu'il avait jusque là gardée avec Louison, et il n'hésita pas à lui demander compte de la conduite qu'elle avait tenue pendant son absence, disant qu'il ne tolèrerait jamais de pareils désordres en sa maison.

A l'époque où se passe cette histoire, que l'on se rappelle être de l'année 1662, il n'était pas encore question du *Tartufe* de Molière (1), on ne peut donc supposer que la d'Arquien, pour se défendre contre l'accusation qui fut portée contre elle, ait pris modèle sur la scène où Tartufe, trouvé par Damis en flagrant délit de séduction, persuade si efficacement Orgon de son innocence. Le génie des femmes, en fait de tromperie, pouvant facilement s'égaler à celui des plus grands poètes, Louison, d'instinct et sans aucune étude, rencontra justement le moyen par lequel Molière tire si heureusement d'embarras son imposteur, et nous ne nous étonnerions pas que l'histoire de la d'Arquien, qui fit dans le temps un certain bruit, étant venue jusqu'à notre grand comique, il eût emprunté à cette fille l'heureux subterfuge par lequel elle se défendit.

(1) La première représentation est de 1667.

Se voyant ainsi accusée, Louison ne fit aucun effort pour se disculper, elle se contenta de répondre que la servante qui avait été sans doute chargée de l'honnête mission de l'espionner pendant l'absence de son maître, avait mal fait sa besogne ; car non seulement elle avait dû la voir se promener en galant rendez-vous avec la personne qu'elle désignait, mais encore avec tous les jeunes gens de Grenoble qui venaient sans cesse à la boutique pour lui conter des douceurs, et qui pouvaient bien former au moins une cinquantaine de soupirans auxquels elle distribuait libéralement ses faveurs; d'ailleurs, ajouta-t-elle, la dissolution de mœurs qu'elle avait toujours montrée depuis la connaissance qu'elle avait faite de Lescalopier ne permettait-elle pas de supposer d'elle tout le mal qu'il était possible d'imaginer ?

Démonté par la tranquillité de cette froide ironie, le marchand gantier sentit s'évanouir le plus gros de sa colère ; cependant il demanda à Louison de répondre un peu plus péremptoirement à l'accusation ; mais celle-ci lui répondit qu'elle le trouvait plaisant dans sa prétention de l'interroger ; qu'elle n'avait aucun compte à lui rendre; qu'elle n'était, Dieu merci, ni sa femme ni sa maîtresse; puis de là, passant à dire qu'elle n'était pas faite pour endurer de pareils traitemens, elle annonça l'intention de sortir à l'instant même de la maison.

On conçoit l'épouvante qu'une pareille menace dut jeter dans l'ame candide d'un homme aussi amoureux que Lescalopier, et, d'agresseur qu'il était là tout à l'heure, le voilà transformé en suppliant, jurant, comme il était vrai d'ailleurs, que tout soupçon était sorti de son ame, et demandant à la créature qui le trompait d'une si plaisante manière de pardonner son égarement momentané.

La courtisane, qui avait son intérêt à se montrer clémente, puisqu'elle eût été assez empêchée si on l'eût laissée partir, finit par se montrer touchée du repentir du malheureux gantier; elle poussa même sa bonté indulgente jusqu'à ne pas vouloir qu'il mît dehors son accusatrice, ainsi qu'il en montrait l'intention; et, à l'occasion de cette fille, elle fit vraiment un trait de haute diplomatie, déclarant qu'elle désirait qu'il ne lui fût parlé de rien. Ainsi, par une apparence de longanimité sans pareille, elle évitait fort adroitement le danger qui eût pu se rencontrer à une explication plus approfondie.

Nous serions d'autant mieux disposés à croire que Molière, pour plusieurs scènes, a pu puiser à l'histoire de Louison d'Arquien, que, dans cette histoire, l'habile manœuvre par laquelle la courtisane évita le coup qui lui était porté eut précisément le même effet que l'hypocrite humilité de Tartufe se trouve produire dans la comédie. Quand Orgon croit s'être bien convaincu de l'innocence du misérable, non seulement il ne veut pas qu'il sorte de sa maison, mais il veut dès le moment,

En fort bonne manière,
Lui faire de son bien donation entière.

Voilà de son côté ce que résolut Lescalopier.

Ayant vu le peu de progrès qu'il avait faits comme amant dans le cœur de Louison, il avait été insensiblement conduit par l'aveuglement de sa passion à concevoir un projet que l'accroissement de son bien le mettait maintenant à même d'exécuter plus facilement.

Louison ayant commencé de déroger par la position qu'elle avait acceptée chez lui, il pensa qu'elle pourrait consentir à achever de *s'enrotu-rer* en épousant un homme éperdument amoureux d'elle, et qui compensait par une honnête fortune ce qui pouvait lui manquer du côté de la naissance. Prenant occasion du démêlé qui venait d'avoir lieu entre eux, il dit à celle qu'il convoitait que, pour montrer combien il était revenu de ses injustes soupçons, il n'hésitait pas à mettre à ses pieds la fortune qu'il possédait déjà, plus celle qu'il venait de recueillir, puis, si elle ne le trouvait pas trop indigne d'elle, à lui faire offre de sa main.

Le rêve qu'arrivées à un certain âge caressent le plus volontiers les filles entretenues, c'est celui d'un mariage qui, en les relevant du mépris où leurs dérèglemens les ont jetées, assure à leur aventureuse existence un solide dénoûment. Louison n'était pas encore parvenue à cet âge de raison, mais le malheur qu'elle avait éprouvé l'avait mûrie vite; elle ne se sentait pas d'ailleurs de long-temps encore le moyen de reparaître avec sécurité à Paris ; en outre, Lescalopier, pourvu déjà d'une jolie aisance, venait encore de s'arrondir, et de plus il paraissait, vu la douceur et la générosité de son caractère, et le grand amour dont il était animé, devoir faire un très-commode mari : de toutes ces considérations il résulte que sa proposition fut reçue intérieurement avec une assez grande joie.

Mais la d'Arquien était une trop fine comédienne pour accepter sans quelques grimaces l'offre qui lui était adressée. Elle demanda un peu de temps pour réfléchir, prétendant qu'elle avait besoin de se recueillir dans la solitude. Lescalopier, en créancier pressé, lui dit de ne point descendre ce jour-là au magasin et de rester dans sa chambre à se consulter pendant la journée, et que le soir à souper il lui demanderait sa réponse. Louison, pour la forme, accepta cet arrangement, bien que, dans le fond de son ame, son parti fût déjà pris.

IV

Pour tromper l'impatience qu'il avait d'être au soir, Lescalopier tâcha de s'occuper de ses livres, et, essayant de mettre à jour l'arriéré qui s'était amassé pendant son absence, il avait déjà brouillé deux ou trois additions en y entremêlant fort mal à propos la pensée de Louison, quand il aperçut dans la rue un gentilhomme avec lequel il avait fait route, la veille, de Valence à Grenoble, et qui, arrêté devant sa maison, semblait en considérer la façade avec attention. Comme ils avaient lié durant ce court voyage une assez étroite connaissance, se racontant, ainsi que cela se pratique assez volontiers dans les carrosses publics, mutuellement leurs affaires, Lescalopier sortit au devant du personnage et lui demanda s'il était en peine de quelque chose qu'il pût l'aider à trouver.

— Et parbleu! repartit le gentilhomme, c'est votre maison que je cherche; je passais dans ce quartier, et, m'étant rappelé que vous y demeuriez, je voulais vous dire un bonjour, chemin faisant.

— Il n'est tel, répondit Lescalopier, que d'être près des choses pour ne les point voir; vous étiez là justement en face du *Gantelet d'argent*, que je vous ai dit être mon enseigne, et vous le cherchiez au loin, alors qu'il vous crevait les yeux.

Le gentilhomme ayant mis cette bizarrerie sur le compte des distractions auxquelles il était, dit-il, fort sujet, se rendit à l'invitation du gantier et entra chez lui; il poussa même l'affabilité jusqu'à accepter de partager son dîner (1), où Louison n'assista pas, puisqu'il avait été convenu qu'elle ne quitterait pas sa chambre de toute la journée.

Quand on fut au dessert, Lescalopier, voulant faire honneur à son hôte et le bien régaler, commanda à sa servante de monter dans la chambre jaune, celle qu'habitait Louison, et d'y prendre en une armoire une bouteille de Malvoisie qu'il voulait entamer en cette occasion; puis, par réflexion, il lui dit de rester et qu'il irait lui-même, ce qu'il fit en effet.

Quand il fut de retour, et que la servante fut sortie de la salle à manger, Lescalopier s'excusa auprès du gentilhomme de l'avoir laissé seul; mais je vous dirai, continua-t-il, que l'armoire où je serre ce vin, et qui est la plus solide de la maison, est aussi celle où j'ai déposé la somme que vous m'avez vu rapporter de la succession de mon oncle; il y a là mille bons louis d'or bien comptés, en une sacoche, et je ne me soucie pas, quoique cette fille soit très-sûre, qu'elle sache où gît ce magot. C'est pourquoi j'ai pris le parti

---

(1) On dînait alors à midi.

d'aller moi-même faire la commission que je lui avais d'abord commandée.

Le gentilhomme loua très-fort Lescalopier de sa prudence, mais il lui dit qu'il ne l'approuvait pas également de garder tant d'argent en sa maison. Le gantier ayant répondu qu'il n'y avait aucun danger, et qu'il veillait de près :

— Au moins, êtes-vous armé, lui demanda le gentilhomme, pour le cas où quelqu'un s'introduirait chez vous de nuit?

— Non, vraiment, dit Lescalopier; depuis que je suis au monde, je n'ai pas ouï parler qu'aucun vol ait été commis en ce quartier.

— J'imagine, au moins, que vous couchez auprès de l'endroit où votre argent est déposé?

— Moi, non, répondit le gantier, car la chambre où est l'armoire en question est celle de ma dame de comptoir; mais si celle-ci avisait le moindre bruit, elle aurait bientôt fait de m'avertir.

— Par exemple, reprit malicieusement le gentilhomme, je suis assuré que votre chambre n'est pas loin de celle de la dame, et que celle-ci n'aurait pas grand chemin à faire pour vous appeler.

— Hé bien, c'est justement ce qui vous trompe, car la chambre occupée par ma demoiselle de boutique est au premier étage sur la rue, et moi j'habite, à l'étage au dessus, une chambre sur le derrière.

— Ceci peut être selon les mœurs, mais je le trouve fort imprudent, et, à votre place, je ne saurais clore l'œil de la nuit.

— Bah! fit Lescalopier, faut-il donc ressembler à Cerbère; personne d'ailleurs ne se doute que j'aie cet or chez moi ; il était, quand je suis arrivé, dans ma valise, et, excepté vous et ma demoiselle de boutique, je ne pense pas qu'aucun être vivant sache où je l'ai déposé.

Le gentilhomme ne le contraria pas davantage sur sa sécurité, et peu après il le quitta en lui disant qu'il était pour peu de jours encore à Grenoble, mais qu'à coup sûr il lui donnerait de ses nouvelles avant son partement.

Après ce visiteur qui lui fit passer assez bien une partie de cette éternelle journée, Lescalopier en eut un autre qu'il ne reçut pas à beaucoup près aussi gracieusement. Le galant chevau-léger, qui ne savait pas la besogne qu'on lui avait taillée depuis la veille, vint, suivant sa coutume, pour acheter des gants, et ne trouvant point la belle au comptoir, il ne put se tenir de demander si c'était qu'elle était malade ou à la campagne, qu'il ne la voyait point. Le marchand gantier, qui d'ordinaire était avec ses pratiques d'une extrême prévenance, lui répondit fort sèchement que Louison n'était point malade, mais qu'obsédée à l'excès des fades discours des soupirans qui la persécutaient, elle avait voulu pendant une journée en affranchir ses oreilles, et qu'elle était restée en sa chambre pour ne les entendre point. L'attaque était des plus directes, mais, par prudence, le jeune amoureux fit semblant de ne pas comprendre que la sortie fût adressée à lui ; toutefois cela l'inquiéta fortement sur le bon succès de son entreprise, car évidemment Lescalopier avait eu vent de ses assiduités et semblait vouloir dorénavant le surveiller de près ; cela fut cause qu'il se décida à brusquer son bonheur et à servir au jaloux un plat de son métier.

Le soir, que l'impatient et amoureux Lescalopier avait craint de ne voir jamais venir, étant arrivé, il s'en alla trouver la recluse dans sa chambre, et lui demanda sa destinée. Louison, qui ne voulait pas arriver de prime-abord à un

12.

consentement, se mit en devoir de faire quelques objections. Elle représenta qu'elle n'apportait aucune dot, et que sa délicatesse répugnait au sacrifice que son mari serait obligé de faire en l'épousant dans cette pauvreté. A cela, Lescalopier répondit qu'elle se trompait fort et qu'elle était pour lui une vraie fortune, car il avait remarqué que, depuis le moment où elle était entrée en sa boutique, le revenu en avait presque doublé, ce qu'il attribuait autant au bon ordre qu'elle avait mis dans la vente qu'aux agrémens répandus en sa personne, et qui amenaient force chalands. Sur ce, Louison ne manqua pas de lui faire considérer que cette grande afflence qui réjouissait le cœur du marchand ne serait peut-être pas aussi agréable au cœur du mari, et elle ne put, étant ainsi ramenée de force sur ce sujet, s'empêcher de lui parler de la scène du matin; mais Lescalopier se répandit en protestations contre la jalousie qui était supposée en lui; il jura qu'à l'avenir il aurait en Louison une confiance sans bornes, et ne serait accessible à aucune espèce de soupçons. Enfin, la courtisane trouvant bon de l'engager sur un chapitre qui était des plus délicats pour elle, elle le pria de songer qu'il ne

savait au fond qui elle était et d'où elle venait;
qu'elle pouvait ne lui avoir pas dit la vérité et
n'être en réalité qu'une aventurière à laquelle il
se repentirait d'avoir donné son nom. — Pour ce
qui est de cela, repartit Lescalopier, je crain-
drais plutôt que les regrets ne vinssent de vous,
car étant d'une naissance supérieure à la mienne,
peut-être le repentir vous prendra-t-il d'avoir
épousé un marchand.

Alors, avec une apparence de franchise qui
au fond n'était qu'une extrême habileté féminine,
la d'Arquien lui répondit : — Vous pouvez être plus
tranquille que vous ne pensez sur ce chapitre,
car je ne viens pas de meilleure lieu que vous;
si j'avais épousé un homme de qualité, je n'en
étais pas moins comme vous fille d'un commerçant. — N'était-ce pas vraiment là finement man-
œuvrer ! Louison comprenait qu'avant de se
marier elle serait obligée de fournir quelques
papiers qui feraient connaître sa famille et son
origine, et ce qui aurait pu être pour son amoureux l'occasion d'un désenchantement, elle venait à le tourner en une convenance de plus
qu'il allait découvrir en elle. En effet, Lescalopier lui fit observer qu'à ce compte elle ne de-

vait plus faire à son désir aucune résistance, à moins que de sa personne il ne lui fût tout-à-fait désagréable. Louison ayant répondu à ce doute le plus honnêtement du monde, son futur lui demanda sa main en signe de consentement, puis se risqua à cueillir sur ses lèvres un baiser qui ne lui fut plus marchandé qu'à peine. Heureux Lescalopier ! Ayant ainsi fait litière à la d'Arquien de ce qu'il avait de meilleur, de son cœur, de sa fortune, d'un nom honoré dans le commerce et dans son pays depuis plusieurs générations ; après avoir par deux fois exposé sa vie à son occasion, il gagnait de posséder une créature dont, trois mois avant, il aurait obtenu les faveurs pour quelques louis d'or, et qui, avant le mariage, était déjà en voie de le tromper : il faut convenir qu'il y a d'étranges étoiles, et qui feraient parfois mettre la Providence en question !

Le soir que Lescalopier décida cette belle union, il faisait un de ces temps que les amoureux et les coureurs d'aventures nocturnes préfèrent à tout autre, comme étant particulièrement favorables à leur industrie. La nuit, sans lune et sans étoiles, s'était enveloppée de ses voiles les plus sombres, et au milieu de l'horreur des ténèbres on entendait les longs mugissemens du vent qui soufflait contre le vitrage des fenêtres des ondées de pluie drue et fine; dont le bruit ressemblait à celui de grains de sable qu'on y eût jetés à plaisir. Selon l'humeur et les pensées qui nous dominent, les objets extérieurs prennent pour nous de fort différens aspects, et l'heureux amant de Louison eût pu être appelé en témoignage de cette vérité, car, comme il avait la joie en l'ame, de son lit où il était chaudement tapi, il prêtait l'oreille avec un plaisir indicible à cette voix de la tempête, et s'endormait doucement bercé des plus agréables songes. Quant à Louison, au moment d'entrer dans une existence aussi différente de celle qui avait été la sienne, elle faisait avec elle-même le compte du passé, et, il faut bien le dire à sa honte, tout en essayant par une sainte contrition d'avoir de ses désordres d'autrefois un poignant repentir, elle ne pouvait s'empêcher de penser que c'était un bon temps que celui où, franche fille de joie, elle menait sa vie de plaisir en plaisir, aimant à plein cœur son Campagnac, avec lequel elle avait passé de si bons momens.

Oh! si, dans le temps qu'il ne l'avait pas encore trahie, celui-ci se fût offert, comme Lescalopier, à lui donner son nom, voilà un homme avec lequel elle aurait eu de l'ardeur à s'engager à perpétuité! puis, de pensée en pensée, elle en venait à se demander ce qu'il pouvait être de lui à cette heure, et, à son grand étonnement, elle ne se trouvait pas en l'ame assez de ressentiment pour désirer que mal lui fût arrivé. Ainsi perdue dans ses réflexions, elle finit par être insensiblement visitée par le sommeil. D'une autre part, la servante, ne sachant pas encore la nouvelle du mariage projeté, qui certainement aurait troublé son sommeil, s'était depuis longtemps endormie sans souci : en sorte qu'il n'y eut bientôt plus un œil et une oreille ouverts dans la maison de Lescalopier.

V

Minuit, l'heure favorite des malfaiteurs et des romanciers, n'était pas encore sonné aux horloges de la ville, quand la rue où était située la boutique du gantier vint à retentir du pas de deux personnes qui s'y engagèrent presqu'au même moment, par les deux extrémités. S'étant rencontrés à peu près à la moitié de l'espace qu'ils parcouraient en sens inverse, les promeneurs nocturnes se regardèrent fort, comme font toujours les gens qui trouvent sur leur chemin, à heure indue, quelques passans attardés.

Mais la nuit étant une des plus noires qui se fût vue depuis long-temps, ils ne gagnèrent pas de grands éclaircissemens à cet examen, et continuèrent chacun leur route sans se parler. Quand ils furent au bout opposé à celui par lequel ils étaient entrés, tous deux s'arrêtèrent, prêtèrent un moment l'oreille, puis n'entendant plus aucun bruit, revinrent sur leurs pas de manière à se croiser à peu près au même endroit où avait eu lieu leur première rencontre; ce manége leur donna naturellement à penser qu'ils avaient l'un et l'autre affaire dans cette rue où ils avaient compté être seuls : ils s'observèrent donc plus attentivement encore qu'ils n'avaient fait. Toutefois, ils ne s'abordèrent pas, espérant chacun de leur côté que l'un des deux se déciderait à quitter la place, et les voilà de nouveau retournés au point d'où ils étaient d'abord partis. Cette fois ils demeurèrent long-temps en place sans bouger, de manière à se faire mutuellement croire qu'ils avaient pris le parti de se retirer; à la fin, plus hardi ou plus pressé d'exécuter le dessein pour lequel il était venu, l'un des coureurs d'aventures se remit en marche, et s'avançant avec précaution, s'arrêta précisément en face le logis de Lescalopier ; mais il ne fut pas long-temps en sécurité dans cet endroit, qui paraissait devoir être le quartier-général de ses opérations, car il ne tarda pas à y être rejoint par son concurrent, qui lui dit fort résolument :

— Il ne fait pas heure à pouvoir se regarder au visage, sans quoi j'aurais vu à votre mine quelle est l'affaire qui vous retient si obstinément dans ces parages ; mais puisque je ne puis me renseigner moi-même, vous ne trouverez pas mauvais que je m'informe du sujet de votre promenade, et que je vous demande si vous comptez la prolonger encore long-temps ?

— Ma curiosité, lui fut-il répondu, est pour le moins égale à la vôtre, et j'allais justement vous adresser la même question.

— J'ai autre chose à faire qu'à prendre querelle avec un inconnu, repartit alors le premier interlocuteur, et, pour ne pas perdre de temps à nous piquer de paroles, je consens volontiers à vous avouer que j'ai besoin dans une maison de cette rue, et qu'il ne me plairait pas être vu y entrant.

— Je ne vous trouverai pas sans doute trop incrédule quand je vous confierai que je suis venu dans un dessein tout pareil, et que j'ai le même scrupule que vous.

— Soit ; mais, pour décider lequel des deux doit céder la place, il ne serait pas inutile de savoir qui de nous a l'affaire la plus sérieuse. A l'accent de votre voix et à ce que je puis entrevoir de votre tournure, vous êtes un jeune homme : c'est donc probablement un intérêt d'amour qui vous amène ici ?

— Celui-là ou un autre, selon qu'il m'a convenu.

— Vous le prenez sur un ton provoquant dont à un autre moment je ne m'arangerais guère; mais, encore une fois, je ne veux point disputer, et je ne marchanderai pas à vous dire, moi, que l'amour n'est pour rien dans ma présence ici; c'est assez vous donner la certitude qu'il n'y a pas entre nous de rivalité : nous pourrions donc, ce semble, nous arranger amiablement.

— Et votre arrangement serait?

— Que vous allassiez faire un tour dans la ville

et que je restasse seul ici pendant une demi-heure pour achever mon œuvre : après cela, je vous livre la nuit entière ; ne suis-je pas accommodant ?

— Oui, mais pas assez pour me persuader : je suis venu, me voilà, j'aime autant une autre manière de trancher la difficulté et ne point m'en aller.

— Vous ne voudriez pas cependant me pousser à quelque extrémité fâcheuse ?

— Je vous crois trop prudent pour essayer de la force avec moi ?

— Est-ce à dire que vous êtes résolu à ne point vous retirer ?

— Il faudrait dans tous les cas un autre personnage que vous pour m'y forcer.

— Alors, Monsieur, en garde.

— De tout mon cœur, fit l'amoureux, reculant de quelques pas et tirant son épée.

A ce mouvement, son interlocuteur se prit à rire et lui dit d'un ton méprisant : — Je savais bien que vous étiez une jeune tête sans cervelle ; vous venez à un rendez-vous avec une rapière, sans autres armes, et faites le rodomont avec les gens ; passe encore, mon cher ami, avant l'invention de la poudre; mais, de nos jours, une épée, fût-ce celle de Roland, fait en présence d'un pistolet une assez sotte mine, et j'en ai deux pour vous servir : vous voyez donc bien que c'est à vous de céder.

— Vous aviez raison de dire que vous n'étiez pas venu pour une affaire d'amour, et, aux armes de lâche que vous portez, je vois aisément quel homme vous pouvez être, et l'honnête métier que vous faites.

— Je vous ai déjà dit que je ne veux pas tenir compte des paroles mal sonnantes qui pourront vous échapper en cette rencontre, et d'ailleurs il faut bien passer quelque chose à un galant troublé dans ses amours; mais comme je suis armé des argumens les plus concluans qui se puissent employer, je vous engage à prendre votre parti. Croyez-moi, ne mettez pas un fol amour-propre à lutter contre une force supérieure et dont je vous déclare que je suis décidé à user.

— Mais vous ne pensez donc pas qu'en élevant seulement un peu la voix, je puis éveiller les bourgeois de cette rue et faire manquer tout votre dessein.

— Oui, mais si vous vous avisiez d'une telle imprudence, qui d'ailleurs ferait aussi éventer votre rendez-vous, je vous jure par votre maîtresse qu'une balle aurait eu le temps de vous labourer la cervelle avant même qu'un voisin n'eût mis le nez à la fenêtre. Allons, jeune homme, allons, vous avez fait une assez belle défense, je vous tiens pour un brave ; mais, pour Dieu, retirez-vous.

Quelque désagréable qu'il fût de subir ainsi la loi du plus fort, le vaincu, sans plus rien ajouter, se mit lentement en marche et fut suivi du vainqueur, qui le convoya jusqu'au tournant de la rue la plus voisine.

— Vous savez nos conventions, dit alors celui qui restait maître du terrain ; dans une demi-heure, libre à vous de revenir ; mais faites attention que tout à l'heure j'aurai de la lumière, et que si, avant le temps marqué, je vous vois reparaître, je me croirai en droit de ne vous pas ménager. Pour votre sûreté, il vous fera bon savoir que je tire juste et de fort loin.

Le pauvre amoureux éconduit murmura quelques paroles de dépit auxquelles son adversaire ne prêta nulle attention. Bientôt après ils se séparèrent et le bruit des pas de celui qui s'éloignait se perdit dans le lointain.

VI

Nos lecteurs, auxquels nous sommes disposés à prêter toute espèce de perspicacité, auront peut-être cru deviner dans le personnage qui, resté seul, s'arrête en ce moment devant le magasin de Lescalopier, le gentilhomme avec lequel celui-ci a fait route quelques jours auparavant, et auquel il a fort imprudemment raconté la succession qu'il venait de recueillir. Nos lecteurs ne se sont pas trompés, et maintenant ils peuvent comprendre pourquoi ledit gentilhomme fut trouvé par le marchand gantier, examinant curieusement la façade de sa maison, car il était pour le moment occupé à reconnaître la place dont plus tard il voulait entreprendre le siége. Ils se rappelleront en outre la manière assez adroite dont, en ayant l'air de blâmer le peu de précautions que Lescalopier prenait pour la garde de son argent, il se fit donner par lui à peu près tous les renseignemens nécessaires pour en opérer le vol : maintenant le voici tout entier à son œuvre, qu'était venue compliquer d'une manière si désobligeante la présence de l'importun qu'il a heureusement éconduit.

Muni de tout ce qui lui était nécessaire pour s'introduire dans la chambre où était déposé l'argent qu'il était résolu de s'approprier, le larron commença par allumer, à l'aide d'un briquet, une lanterne sourde qui devait le guider dans ses opérations. Déployant ensuite une échelle de corde, il la fixa fort adroitement, au moyen d'un crochet de fer dont elle était armée par son extrémité, au balcon de l'une des croisées, qui faisait une assez forte saillie sur la rue. S'étant ainsi facilement logé dans cet ouvrage avancé, il eut bientôt fait avec un diamant de couper l'un des carreaux du vitrage, et n'eut plus d'autre obstacle à écarter que celui du volet fermé à l'intérieur, et qu'il lui fallait ouvrir sans bruit. A cette époque, l'usage était de pratiquer dans la partie supérieure de cette clôture une ouverture destinée à laisser pénétrer un peu de lumière dans l'appartement; ceci a lieu souvent encore aujourd'hui pour les volets qui ferment les magasins. Par l'ouverture en question, une corde fut introduite, qui, au moyen d'un nœud coulant, vint saisir la targette par laquelle le volet et la croisée étaient ensemble retenus. Attirée par la corde, la targette sortit facilement de la gâche, et l'assiégeant n'eut plus qu'à pousser pour pénétrer dans l'appartenant.

Après avoir un instant prêté l'oreille et s'être assuré qu'il n'avait réveillé personne, il écarta doucement les deux battans de la fenêtre, et fit pénétrer dans la chambre un rayon de sa lanterne, pour s'assurer que tout s'y passait selon ses vœux; mais il avait à peine fait quelques pas sur le plancher, quand il vit entre les rideaux du lit une figure blanche qui se dressait sur son séant et le regardait d'un air étonné.

En toute circonstance, un voleur de nuit eût été fort désagréablement dérangé par une pareille apparition; mais ce fut avec un sentiment d'indicible terreur que le nôtre contempla cette menaçante vision, qui lui parut produite tout-à-fait en dehors des lois de la nature, puisqu'elle lui rappelait les traits d'une personne qu'il avait toute raison de croire depuis long-temps disparue de notre monde. Trop engagé cependant pour reculer, et craignant moins au fond, vu son peu de foi à Dieu et au diable, un revenant qu'un ennemi vivant, le garnement, tout ému qu'il était, voulut savoir au juste à quoi s'en tenir. Il s'approcha donc du lit, et saisissant par la main le fantôme :

— C'est, parbleu, bien elle, se mit-il à dire; Louison d'Arquien en chair et en os !

A ce moment Louison n'était pas éveillée, ainsi que l'avait d'abord pensé Campagnac, qu'on vient sans doute de reconnaître à cette exclamation ; en proie à une sorte de somnambulisme et sous l'empire d'un songe qui lui montrait son amant jadis tant aimé, elle était retournée pour un moment dans les jours heureux de son passé, et tout d'un coup se prit follement à dire : Baise-moi, mon Campagnac, comme tu m'aimes, oh! baise-moi; le misérable, croyant qu'elle parlait à lui, ne se le fit pas répéter à deux fois, et lui échangea généreusement l'illusion pour la réalité.

Mais, s'étant réveillée sous l'étreinte trop charnelle du vaporeux amant de ses rêves, Louison se dégagea de ses bras avec terreur et demanda vivement qui était là.

— Moi, lui fut-il répondu, ton chéri, ton Campagnac, ne me reconnais-tu pas?

— Mon Dieu! mon Dieu! s'écria-t-elle, je suis perdue! et dans son effroi elle commença de clamer : — A l'aide! au meurtre! de manière, si elle continuait, à attirer en une minute tous les voisins.

Dans cette extrémité, Campagnac lui mit vivement les couvertures sur la tête pour étouffer ses cris, et cependant il lui disait : — Rassure-toi, ma Louison, rassure-toi, je n'ai aucun mauvais dessein contre ta personne. J'ai trop de bonheur de te retrouver en vie et j'ai eu trop de remords du mal que je t'ai fait.

Mais Louison ne donnait aucune attention à

ses paroles, elle se débattait toujours avec violence et tâchait d'être entendue. La position de Campagnac devenait vraiment critique, et il fallait qu'il s'en tirât par un grand crime ou par quelque habile inspiration.

L'inspiration lui vint heureusement pour le dispenser du grand crime. Cessant de faire effort pour empêcher Louison de crier : — Vous voulez me perdre, lui dit-il, il n'est pas besoin d'appeler tout le voisinage à votre aide : voici un poignard, prenez-le, percez-m'en le cœur, et par cette voie sortez de souci.

La ressource de ce moyen fort employé par les amans désespérés, dans les comédies de l'époque, ne manqua pas de produire son effet accoutumé ; Louison cessa ses cris et sa résistance, et, d'un ton beaucoup plus calme, elle demanda à Campagnac ce qu'il voulait d'elle et dans quel dessein il était venu.

— Je suis venu, répondit-il hypocritement, pour obtenir le pardon de mon crime, car, depuis le jour où l'on me força de le commettre, je n'ai pas eu une heure de tranquillité, et mon ame n'a plus cessé d'être bourrelée.

— Où vous fûtes forcé ? reprit Louison, s'attachant à ce mot qui lui présentait sous un jour tout nouveau la conduite de son ancien adoré, est-on jamais forcé de donner la mort à quelqu'un, et à quelqu'un qui vous aime comme je faisais?

— Écoutez, fit Campagnac, prenant l'accent le plus solennel qu'il put se procurer, vous êtes une femme, Louison, et ne savez pas les douloureuses nécessités où un homme de cœur peut être quelquefois entraîné. Je sens que j'ai peu de temps à vivre, car le remords et le chagrin dévorent ma vie; mais, quand je ne serai plus, vous saurez toute cette ténébreuse histoire, et me plaindrez plus que vous ne me condamnerez.

Le misérable mentait comme une vieille femme qui dit son âge, car il n'était nullement question que la douleur le tuât. Mais au moment où il allait continuer en cette forme effrontée et lamentable sa justification, une intervention inattendue vint couper court à son éloquence et le forcer de penser à un autre soin.

Le compétiteur si rudement éconduit par Campagnac n'était autre que le chevau-léger, pour lequel Louison avait eu quelques bontés imprudentes, et que la rude réception de Lescalopier avait poussé à une tentative désespérée. Ne comprenant rien à l'absence de sa belle, qui n'avait point paru de tout un jour dans son comptoir, il s'était fort inquiété des brutales paroles du gantier, qui pouvait faire supposer que Louison, le jouant au fond, avait elle-même révélé le secret de leurs amours. Fort entreprenant de sa nature, et voulant savoir au juste à quoi s'en tenir, il n'avait rien trouvé de plus commode, pour avoir une explication, que d'escalader, la nuit, comme on ne s'en faisait pas faute à cette époque, les fenêtres de sa maîtresse, et il s'était jeté d'autant plus résolument dans cette aventure, qu'il ne doutait guère, une fois introduit dans la chambre de la gantière, de parvenir, soit de gré, soit de force, à la posséder.

Dérangé comme nous l'avons vu par la concurrence de Campagnac, notre amoureux n'avait que pour un moment cédé à l'orage, et entrevoyant que le fâcheux qui l'avait forcé de quitter la place pouvait bien être un rival, il était retourné en hâte à son logis, s'était muni d'armes à feu, et ayant réveillé son valet, lui avait ordonné de le suivre. Durant le temps que Campagnac avait mis à pénétrer dans sa chambre où tous deux avaient affaire, et durant l'autre délai qu'avaient pris les explications de Louison, le galant avait eu le loisir de revenir pour prendre l'offensive. Arrivé sans bruit jusque sous les fenêtres de la chambre où il avait dessein de pénétrer, il avait trouvé l'échelle de corde que Campagnac avait attachée au balcon, et, poussé par une jalousie furieuse, s'en était immédiatement servi pour surprendre son rival, qui ne songeait dans le moment à aucune précaution contre sa venue. On peut se figurer l'effroi de Louison, quand elle vit deux hommes, le maître et le valet, entrer brusquement par la fenêtre et se précipiter sur Campagnac; celui-ci, quoique pris au dépourvu, eut cependant le temps de se mettre en défense, et, se menaçant mutuellement de leur pistolet, les deux rivaux parurent un moment près de se tuer l'un et l'autre à bout portant.

— Parbleu, dit alors Campagnac d'un grand sang-froid, la rencontre est plaisante; il paraît que nous chassions tous deux le même gibier.

— Et vous pensiez, repartit le chevau-léger, que je vous laisserais tranquille à la curée? au moins, l'habile homme, il fallait retirer l'échelle: vous auriez pu me tuer du haut de la fenêtre, puisque vous aviez pris le soin de me prévenir que vous tiriez juste et de loin.

— Le lieu n'est pas très-bien choisi pour faire montre de notre adresse, car nous n'avons intérêt ni l'un ni l'autre à réveiller, par le bruit de nos armes, les gens de la maison ; mais vous plaît-il d'aller à quelques pas d'ici sur le Mail, la partie entre nous est maintenant égale, et si l'un de nous deux, comme je le pense, est de trop dans ce monde, nous aurons bientôt fait de mettre ordre à ce conflit.

— Je ne suis guère accoutumé à me commettre contre le premier venu, répondit le chevau-léger, surtout quand il est de votre mine ; mais je n'y regarderai pas pour cette fois, et je me sens contre vous assez de haine pour vous faire l'honneur de me battre avec vous.

— Morbleu! repartit Campagnac, je suis aussi bon gentilhomme que vous pouvez l'être, et vous mourrez de noble main.

— Marchons donc ! — Et sans faire attention aux paroles par lesquelles Louison essayait de les retenir, les deux champions, reprenant le chemin par lequel ils étaient venus, sortirent pour vider leur querelle les armes à la main.

Arrivés sur le lieu du combat, ils s'aperçurent qu'ils n'auraient pas à se couper la gorge toute la commodité qu'ils avaient supposée : Campagnac ayant fait la faute d'oublier sa lanterne, ils se trouvèrent au milieu de ténèbres si épaisses, qu'on ne pouvait distinguer un seul objet ; et encore faut-il voir clair à ce que l'on fait, même pour s'entretuer. A toute force leur rencontre aurait pu avoir lieu à l'épée ; car deux adversaires, en convenant qu'ils se donneront du fer, peuvent très-bien, malgré l'obscurité, trouver leur poitrine, le sens du tact suppléant alors à celui de la vue. Mais le larron avait calculé qu'une longue rapière comme ou les portait alors pourrait l'embarrasser dans le travail de son escalade, et il n'avait pris avec lui qu'un poignard et des pistolets. Or, pour se battre à cette dernière arme, il faut de nécessité se voir, et, placés seulement à quatre pas l'un de l'autre, les combattans ne s'apercevaient plus.

Le chevau-léger, qui était le plus animé à la vengeance, proposa alors de se tenir par la main gauche et de se tirer de la droite à la distance que cette disposition laisserait entre eux ; mais Campagnac répondit que c'était là vouloir s'entr'égorger à coup sûr, et qu'il n'entendait pas le duel où l'un des ennemis n'avait pas la chance de laisser l'autre sur la place. Le valet, qui les avait suivis, et que ce combat effrayait fort, ouvrit alors un avis très-sensé, et qui consistait à attendre le jour et à remettre la partie jusqu'au lendemain matin. Cet avis n'ayant pas été goûté, voici l'expédient que Campagnac imagina : — Nous allons, dit-il, nous écarter à une distance de vingt pas, que nous compterons chacun de notre côté ; ainsi séparés par cette espace, nous nous avertirons mutuellement de la voix ; alors nous supposerons que nous jouons au colin-maillard ; ce sera à nous de nous rencontrer au milieu de cette nuit qui nous cerne de toute part, et la vie du plus maladroit ou du plus malheureux appartiendra à l'autre, étant convenu que chacun tirera au moment qu'il jugera le mieux choisi.

Le valet se récria fort contre une manière si barbare et si inusitée de combattre ; mais son maître, qui ne se souciait que d'une chose, qui était d'en finir, donna les mains à cet arrangement; et, lui ayant ordonné de se taire et de s'éloigner de manière à ne pas se trouver dans le rayon du champ de bataille, il dit à Campagnac qu'il était à ses ordres et qu'ils commenceraient quand il voudrait.

Aussitôt les deux adversaires prirent le champ qui avait été réglé, et quand ils furent à la distance qu'ils s'étaient donnée à mettre entre eux, ils se prévinrent mutuellement que les hostilités étaient ouvertes et qu'ils eussent à prendre garde à eux.

D'abord un effrayant silence commença de régner, car, des deux parts, l'oreille au guet, on cherchait à surprendre, pour régler sa marche, le plus imperceptible bruit; mais, par une prudence toute naturelle, aucun des deux n'ayant bougé de place, ils n'entendirent que le souffle mélancolique du vent qui bruissait dans la cime des arbres, et le bruit monotone de la pluie qui retentissait en tombant à terre. A la fin, le chevau-léger, dont le sang plus jeune était plus bouillant, ne put tenir plus long-temps aux anxiétés de cette lugubre attente; faisant avec précaution quelques pas en avant, il chercha à se diriger du côté où il supposait que pouvait être

Campagnac, mais celui-ci ne fit aucun bruit qui pût le guider. Ayant encore attendu quelques minutes, l'ardent jeune homme, au risque de livrer un avantage à son adversaire, lui demanda avec colère s'il avait l'intention d'attendre ainsi le jour et s'il ne donnerait pas signe d'existence, de manière à ce que l'on pût se chercher de plus près et avoir quelques chances de s'aborder? Il en fut pour son imprudence, car il ne reçut aucune réponse, et ne se trouva pas mieux orienté qu'auparavant.

Calculant cependant que par ces indiscrétions il aggravait notablement le péril, il résolut de prendre patience ; s'arrêtant de nouveau et retenant presque son haleine pour mieux écouter, il aspirait à travers l'espace le moindre mouvement que pouvait faire son ennemi, afin d'en aviser le bruit.

Tout restant calme et silencieux, l'idée lui vint tout à coup qu'il était peut-être joué par Campagnac, qui, faisant un grand détour, avait bien pu quitter furtivement le terrain et retourner auprès de Louison, pendant que lui-même restait à se morfondre sur le pré. Tout en songeant à cette ruse et en l'attribuant à son rival, la pensée lui prit, s'il n'avait pas été prévenu, de la mettre à son compte en pratique, se disant qu'au fond elle était d'assez bonne guerre, et qu'à tout prendre il serait toujours temps le lendemain de régler le compte qu'il laisserait en souffrance.

Il se disposait donc à s'esquiver le plus secrècrètement qu'il saurait faire, quand tout à coup un effroyable réveil vint lui révéler toute l'imprudence de sa distraction. Saisi à la hauteur des genoux par Campagnac, qui, rampant comme un serpent, s'était traîné sans bruit jusqu'à lui, il perdit l'équilibre, fut entraîné a terre, et laissa échapper de sa main le pistolet qu'il tenait ; mais, dans ce moment, l'instinct de la conservation lui communiquant une force surhumaine, il attira à lui son ennemi, et lui étreignant les bras d'un effort désespéré, il lui ôta tout moyen de se servir de son arme : alors une lutte forcenée, où des deux parts on comprenait qu'il y allait de la vie, s'établit entre ces deux hommes ; à trois ou quatre reprises, sans se dire une parole, car toutes les forces de leur être étaient absorbées par la tension de leurs muscles, ils se roulèrent sur le sol, jusqu'à ce qu'enfin Campagnac se trouva engagé sous son adversaire. A ce moment, c'en était fait de lui si le chevau-léger eût tenu en main son pistolet; mais ayant, pour le ramasser à terre, donné à son étreinte un instant de relâche, l'amant de Louison, prompt comme l'éclair, leva le bras et déchargea à bout portant son arme dans le ventre du pauvre jeune homme, qui expira presque aussitôt en jetant un cri étouffé.

VII

Le moment maintenant est venu de faire un aveu que nous avons ajourné le plus long-temps possible, comme étant de nature à soulever dans l'ame de nos lecteurs les plus douloureux sentimens.

Nous avons vu Louison d'Arquien, après le dévoûment sans bornes que lui avait montré sous toutes les formes Lescalopier, ne pouvoir se décider à aimer cet honnête homme, et ne consentir à le regarder d'un œil un peu favorable qu'au moment où il fut conduit à lui offrir sa main. Veut-on savoir d'où lui était venue cette incroyable dureté de cœur? veut-on en même temps que nous expliquions au juste une bizarrerie jusqu'alors peut-être incomprise, à savoir l'obstination que cette fille avait mise à déguiser sous divers prétextes le nom de ses assassins?

Certes, cette révélation n'est pas de celles qui jettent une consolante lumière sur les incompréhensibles mystères de la fantaisie féminine ; mais, il faut bien le dire enfin, telle était la fascination que Campagnac avait exercée sur son ancienne maîtresse, que le charme avait survécu à l'horrible traitement auquel elle avait été soumise. Livrée à prix d'argent, condamnée à une mort affreuse, Louison avait trouvé dans son ame le prodigieux courage d'aimer encore son meurtrier, et, si elle s'était jusqu'à ce moment dissimulé à elle-même cet excès de dégradation, elle ne put méconnaître l'inexorable persistance de ce sentiment en présence de l'anxiété à laquelle elle se trouva en proie quand elle vit son amant s'éloigner pour peut-être ne revenir jamais.

Il ne faut pas que l'on vienne nous dire que le goût passager qu'elle montra pour celui qui, dans ce moment même, allait jouer sa vie contre celle de Campagnac, doive être considéré comme un démenti à l'étrange constance que nous lui prêtons ; nous aurions été mal compris si, dans le commencement d'intrigue que nous avons racontée, on avait vu autre chose que le résultat du désœuvrement, et qu'un retour instinctif à ses habitudes de galanterie, toute en surface, que les filles entretenues ont le secret de mener de front avec un véritable amour; la meilleure preuve à donner du peu de racines que ce jeune homme avait jetées dans le cœur de Louison, c'est qu'un moment avait suffi pour qu'il lui devînt mortellement odieux, et le salut de l'amant de son cœur étant à ce prix, elle n'hésitait pas à désirer que le soupirant de nouvelle date payât de son sang la fatale illusion qu'il s'était faite de la posséder. Penchée avec une inquiète sollicitude sur son balcon, et ne doutant pas que le vainqueur ne dût bientôt se représenter devant elle, elle attendait que le bruit de ses pas, retentissant à travers le silence, lui annonçât sa venue, et selon que l'un ou l'autre aurait survécu, elle

14.

avait toutes prêtes des malédictions ou des actions de graces pour saluer son retour. Dans la prévision d'un dénoûment funeste, cette échelle de cordes, qui, durant cette nuit d'aventures, semblait être un grand chemin ouvert à tout venant pour pénétrer dans sa chambre, avait été soigneusement retirée par elle, et lorsqu'enfin elle entendit marcher dans la rue, son pauvre cœur battit si fort, qu'elle se sentit prête à défaillir. Le bruit étant devenu plus distinct, il lui sembla reconnaître le pas de son Campagnac. Aussitôt qu'il fut à la portée de sa voix, est-ce vous ? demanda-t-elle avec une émotion impossible à exprimer, mettant toutefois de la prudence à ne dire aucun des deux noms mais ; *vous*, signifiait là Campagnac, et non l'autre, ainsi qu'il n'est pas nécessaire de l'expliquer.

— Oui, oui, c'est moi, répondit le brutal, que vous auriez autant aimé ne pas voir revenir.

— Oh! c'est vous, reprit-elle avec effusion : n'êtes-vous pas blessé ?

— Moi, non, mais votre tendre ami a une balle dans le ventre, et je doute que vous le revoyez de sitôt.

En disant ces paroles par lesquelles il croyait

porter un rude coup au cœur de la courtisane, il cherchait l'échelle, et voyant qu'il ne la trouvait pas : — Il paraît, se prit-il à dire, que vous n'avez pas un grand goût à reprendre l'entretien que nous avions commencé. Dans le fait, continua-t-il, c'est sans doute votre amant que je viens de tuer, et maintenant vous avez deux raisons au lieu d'une pour être animée contre moi.

— Vous vous trompez, repartit Louison, cet homme ne m'était rien; je n'ai aimé personne depuis vous, et, pour preuve que je ne me soucie pas de lui, voici l'échelle, et si vous avez quelque chose que vous vouliez me dire, vous pouvez monter me parler.

Campagnac monta rapidement, et ayant pris sa lanterne qui brûlait encore et la portant au visage de Louison : — Vous êtes cependant bien émue, fit-il d'un air d'incrédulité.

— Si je suis émue, ce n'est toujours pas du regret que j'ai de la mort de celui qui était là tout à l'heure avec vous.

— Mais alors que venait-il donc faire en votre chambre ?

— Le sais-je, moi ? Depuis long-temps il me poursuivait de son amour, sans que je voulusse l'écouter, et j'en faisais si peu d'état, qu'encore quelques jours, et vous me trouviez mariée.

— Et qui donc vous épouse ?

— Le maître de cette maison, celui-là même par qui je fus sauvée miraculeusement des mains de Dupuis.

— Ah! ce fut ce gantier qui fit cette bonne œuvre! Moi, je ne rencontre jamais des occasions pareilles. Après avoir été forcé de vous livrer à vos ennemis, je viens encore d'être contraint à verser le sang d'un homme : je ne trouve jamais que le mal à faire sur mon chemin.

— On vous avait provoqué, et vous vous êtes loyalement battu en duel, répondit Louison qui, par ces empressemens à justifier le meurtrier contre lui-même, montrait bien ce qui se passait dans son cœur.

— Oui, mais un malheur ne marche jamais seul, et voilà encore qu'il me reste à charger ma conscience d'une méchante action.

— Ah! vous voulez me tuer ! s'écria Louison avec épouvante et s'éloignant vivement de lui.

— Je vous ai déjà dit que j'étais trop heureux que l'on vous eût arrachée à la mort, et je ne voudrais pas maintenant faire tomber un cheveu de votre tête.

— Que parlez-vous donc d'un crime qui vous reste à commettre?

— Un crime! non ; mais un acte un peu brutal. Avez-vous une clé de ceci, continua Campagnac qui ne voulait plus perdre de temps en vains propos, et il montrait le lieu où était serré l'argent du gantier.

— Non ; elle est entre les mains de M. Lescalopier.

— Il faut cependant que j'ouvre cette armoire.

— Et que voulez-vous y chercher ?

A cette demande, le chevalier haussa les épaules et se prit à dire d'un ton de colère : — Vous pensez apparemment que je suis devenu millionnaire depuis que nous ne nous sommes vus ?

— Pourquoi penserais-je cela? repartit Louison qui ne le comprenait nullement.

— Vous voyez quel mauvais sort me poursuit, je viens de tuer un homme, demain, au point du jour, il faut que je sois loin de Grenoble, et ensuite que je vive comme je pourrai, je ne sais où.

— ans doute, vous ferez prudemment de ne pas rester en cette ville où la famille de votre adversaire est puissante, et où vous ne seriez pas en sûreté.

— Eh bien! vous voulez que, comme un jeune fou sans cervelle, je me mette en route sans un écu dans ma poche, quand il me faudra tout à l'heure séduire le concierge d'une des portes, trouver à tout prix un cheval, et aller chercher un refuge peut-être au delà de la frontière, en pays étranger.

— Mon Dieu! dit Louison, je n'ai malheureusement pas d'argent à vous offrir, comme je faisais autrefois.

— Qui vous en demande ; il y a là mille louis qui dorment, je vais les éveiller.

— Ciel! vous voulez prendre l'argent de M. Lescalopier.

— Non, je veux le lui emprunter pour quelque temps ; et je ne pense pas, ajouta le méchant homme d'un ton significatif, que vous songiez à y mettre quelque opposition?

— Ah! je le vois bien, ce n'est pas pour moi que vous étiez venu, et ce n'est pas moi que vous cherchiez ici.

— Vous vous trompez, dit Campagnac se donnant la peine de mentir pour mener, s'il était possible, les choses par la douceur, ce qui lui convenait mieux. Vous ayant aperçue, en passant, dans votre comptoir, je n'osai vous joindre, ne sachant pas quel accueil vous me réserviez. Cependant, possédé du désir de vous voir, de vous parler, et craignant toutefois, si je l'osais devant témoin, qu'il ne vous prît envie de me faire faire un mauvais parti, je résolus de venir ici de nuit, de manière à ce que nous fussions seuls et à ne pas redouter votre vengeance en me présentant devant vous.

— Ainsi donc, vous aviez l'envie de me revoir ?

— Sans doute, mais est-ce ma faute à moi si ma destinée a jeté sur mon chemin un de vos galans, s'il m'a mis dans la nécessité de le tuer? et faut-il maintenant que je livre généreusement ma tête au bourreau?

— Oh! non, partez sans plus attendre, car la nuit s'avance et peut-être déjà la famille de votre adversaire est-elle avertie.

— Je sais bien, reprit adroitement le larron en intéressant ainsi l'amour-propre de son ancienne maîtresse, pourquoi vous prenez un si grand souci de l'argent de votre gantier : vous allez être sa femme, et vous regardez que son bien est à vous.

— Ce mariage ne m'agrée pas déjà si fort, et certes je n'ai jamais montré que je regardasse grandement à l'argent.

— Laissez-moi donc faire alors; d'ailleurs, encore une fois, j'en prends ici l'engagement, je le rendrai, cet argent, aussitôt que je le pourrai.

En disant ces paroles, l'audacieux voleur introduisit son poignard dans la serrure de l'armoire, et en quelques tours de main il la fit sauter. Ayant alors cherché, il trouva dans une petite sacoche de cuir la somme qu'on lui avait dite, et se précipita comme un tigre sur cette proie.

Cependant Louison, n'osant faire contre un homme dont elle connaissait le caractère violent et audacieux aucune résistance, s'était retirée en un coin, et, la tête appuyée dans ses mains, elle semblait en proie à de douloureuses réflexions. Une fois sa cupidité satisfaite, Campagnac s'approcha d'elle : — Maintenant, lui dit-il, il faut nous dire adieu, et Dieu sait quand nous nous reverrons.

A cette parole, Louison releva la tête et Campagnac remarqua que son visage était couvert de larmes ? — Qu'avez-vous à pleurer, lui demanda-t-il alors.

— Je voudrais être morte, répondit-elle, pour mettre fin à tous mes malheurs.

— Où sont donc ces grandes infortunes ? Vous allez épouser un homme que vous aimez : Lescalopier sera un mari commode et complaisant; il a un bon commerce : vous aurez de jolis enfans...

— Et ne voyez-vous pas qu'après tout ce qui se vient de passer, je ne dois plus penser à ce mariage; le valet de celui que vous avez tué, et que mon futur connaissait pour un de mes soupirans, ne va-t-il pas dire demain par la ville que deux hommes se sont rencontrés dans ma chambre, que j'ai été cause du duel qui a eu lieu entre eux : et cet argent qui aura disparu, comment pourrai-je expliquer qu'on l'ait pris sous mes yeux sans que j'aie rien fait pour l'empêcher ; vous êtes mon mauvais démon : ce sera pour la seconde fois que je verrai par vous mon existence perdue.

Nous ne saurions dire au juste ce qui se passa

à ce moment dans l'ame de Campagnac, car c'était un égout trop profondément creusé pour que jamais la lumière ait pu y pénétrer. Éprouvat-il pour son ancienne maîtresse quelque pitié ou quelque retour de tendresse, calcula-t-il qu'ayant en Louison un témoin des deux nouveaux crimes qu'il venait de commettre, mieux vaudrait pour sa sûreté ne pas la laisser derrière lui ? Toujours est-il qu'il parut céder à un entraînement subit et se prit à dire impétueusement :

— Louison, aimez-vous celui que vous étiez à la veille d'épouser ?

— C'est un honnête homme, répondit-elle, auquel j'ai de grandes obligations.

— Ce n'est pas là répondre ; aimez-vous Lescalopier, l'aimez-vous, là, comme vous m'avez aimé ?

— Comme je vous ai aimé, dit-elle, en élevant vers lui un regard plein de reproches, oh! non !

— Alors, c'est le ciel qui m'a envoyé pour empêcher d'accomplir une folie : vous auriez été malheureuse de ce mariage, cent fois vaut mieux qu'il ne se fasse pas.

— Oui, mais alors que deviendrai-je ?

— Et Paris donc! n'y a-t-il plus un Paris dont tu seras encore comme autrefois la plus jolie fille? Si tu savais quel dueil ça été pour tous tes amans de ne plus te voir. Depuis que tu as disparu, il n'y a plus de joie parmi toute cette jeunesse : — Oh! notre Louison d'Arquien! répètent-ils sans cesse, où est notre Louison d'Arquien?

S'étant fort à propos rappelé ses bonnes résolutions, quoique ce tableau des regrets qu'avait causés sa perte flattât assez perfidement sa vanité, Louison répondit :

— Je ne suis plus la femme que vous m'avez vue, je n'ai nulle envie de retomber en mes dérèglemens; je voudrais vivre maintenant en honnête femme, comme il convient pour pouvoir espérer de faire son salut.

— Est-ce le goût du mariage qui vous est venu? repartit alors Campagnac en quittant le ton de familiarité qu'il venait de reprendre avec elle; mais, faite comme vous êtes, car, sur mon ame, vous êtes embellie encore depuis que nous nous sommes vus, les épouseurs ne sauraient vous manquer, et, au lieu d'un marchand, vous trouverez vingt gentilshommes, quand bon vous semblera.

— Des gentilshommes ! fit alors Louison avec amertume : on en trouve pour vous jeter en Seine, comme a fait M. de Roussi.

A cette parole, Campagnac accommoda son manteau sur ses épaules, et faisant mine de s'éloigner :

— Je vois bien, se mit-il à dire avec colère, que vous n'avez rien oublié du passé ; le temps me presse, et je n'ai pas le loisir d'entrer avec vous dans toutes les justifications nécessaires pour vous persuader : un jour vous saurez tout, sans doute, et vous aurez regret à la rancune que vous m'aurez montrée.

— Il y a long-temps, reprit Louison, que je vous ai pardonné, et la preuve c'est que votre nom est encore à sortir de ma bouche pour vous accuser ; je n'aurais pas voulu que mal vous arrivât à cause de moi.

— Puisque vous m'avez pardonné en votre cœur, s'écria alors le tentateur, supprimez donc tout souvenir de la méchante affaire qui a eu lieu entre nous ; reportez-vous à nos bons jours d'autrefois, alors que vous m'appeliez votre Campagnac; vous n'auriez qu'à dire une parole, et ces heureux temps pourraient recommencer.

— Oh! non, fit tristement Louison, je ne crois plus qu'il y ait jamais de bonheur pour moi ici-bas.

Ces paroles ne furent pas dites d'un ton trop décourageant pour le Campagnac : aussi, se décidant à porter le coup décisif : — Écoute, Louison, se prit-il à dire, tu parles de t'amender et de mieux vivre; moi aussi je suis las de mon existence aventureuse, moi aussi je voudrais y mettre un terme; sois généreuse et aide-moi à en sortir : tu ne veux plus de moi pour amant, si je t'offrais d'être ton mari?

Au lieu de répondre à cette question inattendue, Louison fit signe à Campagnac de se taire, et écouta attentivement. — Oui, dit-elle alors, c'est la servante qui s'est levée et que je viens d'entendre remuer dans sa chambre, il n'y a pas un moment à perdre, partez, éloignez-vous.

— Pas sans toi, dit alors Campagnac. Oh! si tu savais comme je t'aime, ma Louison.

— Vous m'aimez et je serai votre femme?

— Eh! oui vraiment, car voilà ta dot. Et en disant ces paroles il frappait sur la sacoche qu'il se disposait à emporter.

Il y avait en Louison si peu de clairvoyance morale, que cette allusion au nouveau crime dont venait de s'embellir la carrière de Campagnac n'excita en elle aucune répulsion ; elle ne vit que l'espérance qui lui était donnée de pouvoir confondre à jamais son existence avec celle d'un homme qui était la moitié de sa vie, et l'espèce d'aisance qu'il venait de se créer violemment ne fut plus à ses yeux qu'une facilité de plus pour l'accomplissement de leur nouveau plan : cédant enfin à un désir qui combattait en elle depuis long-temps, elle se laissa tomber dans les bras du misérable qu'elle tint un instant pressé sur son cœur ; après quoi faisant à la hâte un paquet de quelques hardes, elle fut la première à mettre le pied sur la fenêtre, pour opérer leur fuite. Aidée de son amant, elle descendit heureusement jusque dans la rue, où il ne tarda pas à la rejoindre. Marchant alors à grands pas, le noble couple fut bientôt hors d'atteinte. On voit bien que Campagnac n'avait pas eu tort de promettre à Lescalopier qu'il lui donnerait de ses nouvelles avant son départ, puisque du même coup, le double larron, il lui volait sa femme et son argent !

VIII

La servante du gantier, qui était dans l'usage de se lever avant le jour, descendit en effet de sa chambre quelques instans après que les fugitifs eurent gagné au large. Mais, d'abord, elle ne s'aperçut de rien, et vaqua comme d'ordinaire aux soins de la maison. Elle était occupée dans sa cuisine à préparer le déjeuner, quand plusieurs coups, vivement frappés aux volets de la boutique, appelèrent son attention. S'étant empressée d'aller ouvrir, elle trouva un de leurs voisins qui lui raconta, avec un grand émoi, qu'en ouvrant sa fenêtre, située en face du logis de Lescalopier, il avait aperçu, aux premières lueurs de l'aurore, l'échelle de corde qu'il lui montra, pendant encore au balcon de la chambre de Louison, et qui laissait supposer que quelque crime, un enlèvement ou un vol, avait été commis durant la nuit.

Afin de s'éclaircir du fait, dame Ursule monta aussitôt chez la demoiselle de comptoir, et heurta violemment à sa porte pour la réveiller; voyant que personne ne bougeait, elle redescendit auprès de l'officieux voisin, et, à la suite d'une délibération qui eut lieu entre eux, il fut décidé que celui-ci se hasarderait par la voie de l'échelle à pénétrer dans la chambre que tout faisait supposer abandonnée. S'y étant introduit avec les précautions que comportaient les circonstances, il ne tarda pas à reparaître en annonçant que le lit était vide, et que Louison avait disparu. Dame Ursule le pria alors de lui ouvrir la porte, et, venant le rejoindre par l'escalier, elle eut bientôt remarqué le désordre qui se faisait voir dans l'appartement, les armoires ouvertes, le lit en désordre, et sur le plancher qu'elle prenait tant de peine tous les matins à cirer et à faire luir, les pas de plusieurs personnes, marqués par les traces de boue que leur chaussure y avait aissées.

Elle ne tarda pas un instant, comme on s'en doute, à aller prévenir son maître de ce qui se passait, d'abord parce qu'il était convenable qu'il fût averti, ensuite parce qu'au fond de son ame elle triomphait de ce dénoûment qui inculpait si fort la moralité d'une femme pour laquelle elle avait toujours eu une mortelle haine. On comprend quel coup de foudre ce fut pour le gantier que le récit de dame Ursule, qui mit à lui apprendre son malheur à peu près les mêmes ménagemens qu'un bourreau prend pour coucher un homme sur la roue. Comme dans l'emportement un peu intéressé de son zèle, la digne femme se servait à l'endroit de Louison des termes les plus méprisans, et qu'elle l'appelait une effrontée et une coureuse, qu'elle avait, disait-elle, flairée du premier coup, le bon Lescalopier, qui voulait douter encore, lui imposa silence, et, s'étant hâté de se vêtir, il descendit pour voir les choses par ses yeux.

Décidé à n'admettre qu'à la dernière extrémité le rapport de sa rancuneuse ménagère, même en ce qu'il avait de moins contestable, il commença par visiter le lit de Louison, comme si celle-ci avait pu y être cachée en quelque coin où des regards moins amoureux que les siens ne l'eussent pas aperçue. L'absence de la chère fille bien constatée, ce fut alors seulement qu'il pensa à son argent, et, chose assez singulière, et qui témoignait bien de la passion désordonnée que cette malheureuse lui avait inspirée, il éprouva une sorte de consolation à voir que ses vingt-quatre mille livres lui avaient été dérobées, parce que par là il crut acquérir la certitude qu'un voleur, et non un amant, était venu en la chambre de sa maîtresse. Ayant fait assez naïvement cette observation, il fut fort vigoureusement rétorqué en son argument par dame Ursule, qui lui fit remarquer que le vol n'avait pu être commis sans la complicité de Louison, qui n'aurait pas manqué d'appeler à son aide si elle avait eu le sincère désir de s'y opposer.

— Et s'ils ont menacé de la tuer! reprit alors avec chaleur le gantier.

— Alors elle se retrouverait, dit la servante, car on n'a jamais ouï dire que des larrons se soient embarrassés dans leur fuite d'une femme à eux étrangère.

La discussion de toutes les probabilités admissibles en la circonstance aurait pu ainsi se prolonger long-temps, et selon toute apparence elle n'eût pas tardé à tourner fort aigrement, quand un tiers survint qui pouvait apporter à l'enquête commencée de grandes lumières : c'était le domestique du chevau-léger, lequel venait pour tâcher d'obtenir quelques renseignemens sur le meurtrier de son maître. Cet homme ayant raconté les choses dont il avait été témoin, la rencontre des deux rivaux dans la chambre de Louison, et le duel à mort qui s'en était suivi, le pauvre Lescalopier ne dut plus douter de la trahison de sa fille de comptoir, à laquelle il trouva tout à coup deux galans au lieu d'un. Il n'était guère probable, en effet, que le chevau-léger eût osé venir dans la chambre de Louison, s'il n'y eût été jusqu'à un certain point autorisé par elle, et si le rapport de sa servante, touchant le rendez-vous donné durant son absence, n'eût été très-véritable, ainsi que celle-ci l'affirmait plus énergiquement que jamais. Mais alors se présentait une autre question plus difficile à résoudre : quel était cet amant inconnu avec lequel la future de Lescalopier s'était enfuie; dame Ursule avouait elle-même qu'ayant surveillé avec soin la conduite de cette femme, elle n'avait jamais remarqué qu'un autre que le chevau-léger eût paru avoir avec elle quelque intelligence.

Une tête plus forte que celle du marchand gantier se fût perdue et abîmée au milieu de tous les odieux mystères qui se révélaient à chaque pas dans cette affaire, et la brusque transition qu'il lui fallut faire de la suprême félicité dans laquelle il s'était endormi la veille, aux horribles révélations qui l'attendaient à son réveil, apporta en ses idées un tel désordre, qu'il finit par s'asseoir en un coin comme frappé de stupeur, disant qu'on ne lui parlât plus de rien, qu'il ne voulait rien rechercher et rien savoir davantage; et en effet son abattement était tel, qu'il parut avoir perdu jusqu'à la faculté de vouloir et de penser.

Cependant la justice, par la rumeur qui ne

tarda pas à se répandre dans la ville, apprit le double crime dont la nuit précédente avait été le témoin, et ayant aussitôt commencé à instrumenter, elle fit au logis de Lescalopier une descente, afin de constater le vol commis à son préjudice. Cette enquête fut pour le malheureux le sujet d'une mortification nouvelle, car il ne sut répondre à aucune des questions qui lui furent faites sur le passé de Louison, et au lieu des consolations dont il aurait eu un si pressant besoin, il n'obtint du magistrat qui l'interrogeait qu'une remontrance sur son extrême imprudence à installer dans sa maison une femme inconnue. Pourtant ce n'était point là encore la fin de ses misères, car l'hôte chez lequel avait logé Campagnac vint de lui-même révéler au juge cette circonstance qu'un étranger, qui depuis quelques jours habitait sa maison, en était sorti la veille au soir sur les onze heures, et depuis n'avait pas reparu. Au signalement qui fut donné de ce personnage, sur lequel s'arrêtèrent tout d'abord les soupçons, Lescalopier ne put méconnaître le gentilhomme auquel il avait donné à dîner la veille. Se rappelant alors la conversation qu'il avait eue avec lui, l'indiscrétion qu'il avait faite de lui dire la somme qu'il avait en sa possession, et le lieu où elle était déposée, il ne lui fut guère possible de douter qu'il ne dût à sa propre imprudence le malheur qui venait de le frapper, ce qui en augmenta l'amertume d'autant.

Quant à la manière dont Louison, qui en tout ceci était l'objet de ses plus grands regrets, avait pu être ravie par cet effronté voleur, il se l'expliquait moins facilement; mais il ne tarda pas à acquérir la certitude qu'elle était partie avec lui, car on apprit que, dans la nuit précédente, une heure environ avant le jour, un homme, accompagné d'une jeune femme, avait fait relever le gardien d'une des portes de la ville, et, après avoir inutilement essayé de le séduire à prix d'argent, l'avait forcé, le pistolet sur la gorge, de lui ouvrir. Suivant les traces des deux fugitifs, on sut encore qu'arrivés à un petit village peu éloigné de Grenoble, ils avaient pris des chevaux et un guide, et s'étaient dirigés du côté de la frontière de Savoie. Un seul et dernier allègement aurait pu être apporté à la douleur de l'infortuné gantier : c'eût été d'apprendre que Louison paraissait violentée par son ravisseur et le suivait à regret; mais, au contraire, sur les questions qu'il prit la peine de faire à ce sujet, il lui fut nettement répondu qu'aucune trace de mésintelligence ne se remarquait entre les voyageurs, qui paraissaient, au contraire, les meilleurs amis du monde; en sorte qu'il n'y eut plus, dans ce naufrage de toutes ses espérances, une seule planche où il pût se rattacher. Succombant sous le poids de tant de malheurs et de mécomptes, il fut sur le soir saisi d'une fièvre violente qui le força de se mettre au lit, et durant la nuit le délire s'étant emparé de lui, son état devint bientôt si désespéré, que le médecin augura qu'il ne résisterait pas à son mal deux jours durant.

Heureusement cet arrêt de la Faculté ne fut pas sans appel, et, grace à la force de son tempérament, Lescalopier, après une longue lutte contre la mort, recouvra avec quelques forces la jouissance de sa raison. Il y eut même pour lui, à la crise par laquelle il passa, ce singulier avantage qu'en en sortant, il se trouva dans une situation morale beaucoup plus satisfaisante qu'on ne pouvait l'espérer, l'ardeur qu'il nourrissait pour Louison ayant presque cessé de l'occuper. C'est bien au fond, soit dit en passant, une assez triste infirmité de notre nature, que nous puissions ainsi être distraits par le mal physique, des sentimens que nous avions cru le plus solidement implantés dans notre cœur; mais, dans le cas particulier, Lescalopier ne dut pas le triomphe qu'il remporta sur sa passion à une pure influence pathologique ; l'amour auquel il avait été en proie était un de ces amours vrais et sincères qui ne peuvent guère se passer de l'estime pour l'objet aimé ; les odieuses lumières qu'il obtint tout à coup sur le caractère de Louison lui firent alors sentir assez vivement le bonheur qu'il avait eu en échappant au danger de s'unir par un lien indissoluble à une pareille créature, et naturellement il en vint bientôt à n'éprouver pour elle que du mépris.

Mais si le souvenir de Louison laissa peu de traces dans le cœur du gantier, il n'en fut pas malheureusement de même pour ses affaires. Indépendamment de la perte des 24,000 livres qu'il lui fallut supporter, il éprouva dans son commerce, par suite de la liaison qu'il avait eue avec elle, un grand dérangement. D'abord, durant tout le temps qu'il fut malade, il ne put vaquer aux soins de son magasin, et sa servante, occupée auprès de lui, ne pouvant le suppléer dans la vente, il arriva qu'il perdit un grand nombre de ses pratiques. Il faut dire aussi que le scandale qui suivit la fuite de Louison mit le pauvre jeune homme dans une assez mauvaise renommée, car on ne douta plus par la ville que cette fille ne fût sa maîtresse, et l'on tint pour une grande dépravation de mœurs sa légèreté à introduire dans sa maison une malheureuse qui avait fini par s'en aller avec un voleur. Il n'y eut pas jusqu'à la mort du galant tué par Campagnac qui ne lui fût attribuée à crime ; la douleur des parens ne raisonnant pas, et ne sachant pas d'ailleurs où faire porter sa vengeance, s'en prit au gantier pour avoir amené à Grenoble cette fatale fille qui avait été cause de la perte d'un jeune homme de si belle espérance. Or, comme la famille dont il s'était ainsi fait un ennemi se trouvait être une des plus considérables du pays, le dommage qui lui fut porté par cette haine fut plus grand qu'on ne pourrait se l'imaginer.

Au chagrin que dut naturellement éprouver le gantier en voyant ses affaires prendre de jour en jour une plus mauvaise tournure, il faut ajouter le déplaisir qui résulta pour lui du ridicule dont il fut couvert, à la face de la ville entière, par le sot dénoûment de ses amours, où il parut avoir joué le rôle de la plus grande dupe qui se pût trouver. Cette situation se prolongeant, sans qu'aucun amendement s'y révélât, même après plusieurs mois passés, et Lescalopier n'osant presque plus paraître dans les rues, où chacun le montrait au doigt, il finit par prendre en dégoût le séjour de Grenoble, et résolut de le quitter.

Ayant songé au lieu où il irait faire un nouvel établissement, naturellement il pensa à Paris, qui, dès cette époque, était le centre où venaient aboutir toutes les existences qui se déplaçaient dans la province; et, d'ailleurs, étant animé d'un certain esprit de vengeance contre celle qui était cause de tous ses malheurs, il ne fut pas sans quelque espoir de la rencontrer dans cette grande ville qui est le lieu où se rendent le plus volontiers ceux qui ont quelques méfaits à cacher et où elle habitait lorsqu'il avait fait sa désastreuse connaissance.

Il parla de son dessein à sa servante, qui, pour être un peu grondeuse et disposée à voir les choses par leur méchant côté, n'en était pas moins d'assez bon conseil, ainsi qu'elle l'avait prouvé par la manière dont elle avait deviné Louison. De grandes objections furent faites par cette femme, qui représenta à son maître que Paris ne lui avait pas été jusqu'alors fort heureux, puisqu'il y avait manqué un mariage et en avait ramené un échantillon du beau sexe, qui ne laissait guère bien augurer des mœurs de cette grande ville. — M'est avis, continua-t-elle, que, dans un lieu où se rencontre tant de corruption, on ne peut réussir sans un grand esprit d'intrigue, et vous êtes trop accoutumé à traiter loyalement les affaires pour pouvoir vous mettre facilement au ton de cette Babylone, où chacun tire de son côté pour faire fortune.

Lescalopier fut médiocrement touché de la justesse de ces observations, et, persistant dans son dessein, il se défit le moins désavantageusement qu'il put de son fonds de commerce, loua sa maison, réalisa en un mot tout son petit avoir, et, s'étant séparé avec quelques larmes de dame Ursule, qui ne voulut point le suivre, il se mit en route pour Paris, comptant avec quelque raison qu'aucune poursuite n'ayant été faite contre lui à l'occasion de la mort de Dupuis, cette affaire était complètement oubliée.

IX

Arrivé dans la grande ville, il s'en fut trouver son ami le tailleur du roi, qui lui avait jadis confectionné le costume que nous avons vu jouer un si grand rôle dans le premier chapitre de cette histoire, et lui exposa le dessein où il était de fixer désormais sa résidence à Paris. Cet homme, qui était fort expérimenté dans les affaires, le dissuada de l'idée où il avait d'abord été d'élever une boutique; il l'engagea plutôt à faire quelque société avec un commerçant déjà établi qui pût le mettre au courant du négoce parisien, et le dispenser du hasardeux apprentissage que seul il aurait été obligé de faire.

Ne se contentant pas du conseil, l'honnête tailleur se mit en démarches pour lui trouver un associé; et, au bout de quelques jours, il lui parla d'un nommé Perdrigeon, qui était un célèbre marchand de rubans de l'époque, ainsi qu'on peut s'en assurer par les mémoires de ce temps-là, où il est mentionné plusieurs fois (1). Ce Perdrigeon avait joint depuis quelque temps à son commerce de rubannerie celui des parfums, et maintenant il voulait y ajouter celui des gants. Il fut enchanté de rencontrer sur son chemin un homme expérimenté en cette partie, que pour son compte il ne connaissait nullement. S'étant donc abouché avec Lescalopier, il tomba facilement d'accord avec lui, et, au bout de quelque temps, le marchand de Grenoble était installé

---

(1) Molière en parle aussi dans les *Précieuses Ridicules*. Madelon voulant louer les rubans que porte le *marquis* de Mascarille, dit : *C'est Perdrigeon tout pur.*

dans le magasin du rubanier, où il fut convenu que la haute direction sur tout le département de la ganterie lui serait exclusivement confiée.

Cette branche ayant bientôt pris dans ses mains un grand développement, il fut question de lui adjoindre quelqu'un pour le seconder dans la vente, à laquelle seul il ne suffisait plus: or, voici le substitut qui lui fut proposé.

Perdrigeon avait une fille récemment sortie du couvent, où il avait voulu qu'elle reçût quelque éducation, mais qu'il n'en destinait pas moins au commerce, son intention étant de la marier à un négociant, bien qu'au flairé des beaux écus qu'il avait en sa caisse, il eût facilement trouvé un gendre dans la noblesse, s'il eût eu le goût d'une pareille alliance. Lors donc qu'il s'agit de donner un aide à Lescalopier, le rubanier lui demanda s'il ne lui déplairait pas trop de prendre avec lui, à son comptoir, une petite fille qui serait sans doute fort novice dans la besogne qu'elle aurait à partager avec lui, mais qui, étant d'une humeur très-douce et d'une extrême docilité, se conduirait en tout par ses conseils, et ferait de son mieux pour le contenter.

Il est bon de savoir que celle que son père

appelait une petite fille avait ses seize ans accomplis ; que, sans être d'une beauté remarquable, elle était avenante en toute sa personne ; qu'elle avait les plus beaux cheveux blonds du monde, un teint éblouissant de blancheur, des yeux brillans, des dents incomparables, et, ce qui était mieux que tout cela, le plus heureux caractère que l'on peut se figurer. Sur ce portrait on comprend sans peine que Lescalopier ne trouva aucune difficulté à l'arrangement qui lui était proposé, et que la mission de former une si aimable créature ne lui parut en aucune manière cruelle à accepter.

De son côté, Nanette Perdrigeon ne fut pas sans remarquer que le professeur que lui voulait donner son père était un fort bel homme, de manières gaies et ouvertes, et qui paraissait grandement plaire aux femmes auxquelles il débitait sa ganterie de l'air le plus galant et le plus entendu. Ce fut donc sans répugnance qu'elle se vit mettre sous la direction de ce maître expérimenté, et comme des deux parts il y avait une égale ardeur à bien apprendre et à bien montrer, une si belle harmonie ne tarda pas à produire les plus excellens effets et à faire de Nanette une marchande consommée.

Nous dirons même que, pour être ainsi toujours ensemble, attelés en quelque façon à la même besogne, sans se quitter qu'à l'heure du sommeil, le professeur et l'élève finirent à leur insu par si bien s'entendre, qu'ils eussent éprouvé un chagrin mortel si une occurence quelconque les eût mis dans la nécessité de se séparer. Maintenant un tel dénoûment n'était-il pas des plus faciles à prévoir, et Perdrigeon ne s'était-il pas rendu coupable d'une grande imprudence quand il avait placé dans un aussi étroit contact deux choses ausi faciles à s'enflammer, que pouvait être un cœur de seize ans se heurtant sans relâche à un cœur de vingt-six ?

A quelque temps de là cependant, il parut que le rubanier n'avait pas agi avec la légèreté qu'on aurait pu lui supposer, car le jour de la fête de sa femme étant venu, sa famille, quelques amis, et son associé étant réunis dans un repas qui fut donné à cette accasion, comme on fut au dessert, et que Lescalopier, prié de chanter, se fut acquitté de cette tâche aux applaudissemens de toute la compagnie, Perdrigeon se prit à dire : —

Si je chantais de la sorte, je ne voudrais pas qu'il y eût une femme qui ne devînt éperdument amoureuse de moi. — Aussi fut-il répondu par l'un des convives, suis-je bien sûr que notre ami Lescalopier ne se fait pas faute de tourner la tête à plus d'une belle, et quoique le sournois ne fasse pas mine d'y toucher, je parierais que la liste de ses bonnes fortunes depuis son arrivée à Paris serait longue à dresser.

A cette attaque, Lescalopier rougit prodigieusement, et ses yeux ayant rencontré ceux de Nanette, il reconnut qu'elle n'était guère moins embarrassée que lui.

— Et moi je pense tout le contraire, dit alors madame Perdrigeon; je tiens Lescalopier pour un garçon sage et rangé, qui n'a point de goût à faire ainsi sa cour à tout venant. M'est avis que, s'il aimait quelque part, ce serait d'un amour honnête et solide, ayant le mariage en vue.

Nanette ayant involontairement fait un signe d'assentiment aux paroles de sa mère, Perdrigeon reprit malicieusement : — Voici Nanette qui nous cautionne le bien jugé de ma femme; il paraîtrait qu'elle est dans la confidence de Lescalopier et qu'elle en sait plus long que nous à son sujet.

Ici ce fut le tour de la pauvre fille de rougir comme une cerise aux regards du soleil, en s'écriant qu'elle n'avait rien à cautionner, et que Lescalopier ne lui avait rien confié.

— Je suis donc mieux informé que toi, dit alors Perdrigeon à sa fille, car je sais de science certaine que Lescalopier soupire pour une très-aimable personne dont il aurait grand goût à faire sa femme. J'ajouterai, continua-t-il, que, de son côté, la jeune personne n'aurait aucune répugnance à l'accepter pour époux.

— Je suis parbleu ravi, se prit à dire Lescalopier, qui s'était un peu remis, que vous soyez si bien renseigné sur mes affaires ; vous pourrez peut-être m'apprendre alors pourquoi un mariage qui paraît être en si bon chemin tarde plus longtemps à être conclu ?

— Certes, je puis vous le dire, repartit le rubanier, et l'obstacle est surtout venu de vous, qui, par une délicatesse d'ailleurs très-louable, la jeune fille ayant une fortune supérieure à la vôtre, n'avez pas encore osé la demander à ses parens.

— Et si je me décidais à me déclarer, reprit Lescalopier, que pensez-vous qu'il arrivât ?

— Il arriverait que le père vous dirait : — Lescalopier, vous êtes un honnête homme, qui apportez dans les affaires beaucoup d'ordre et d'intelligence, qui aimez sincèrement ma fille et la rendrez certainement heureuse : prenez-la donc puisque vous la voulez.

Ces paroles assez claires, et qui avaient un sens sur lequel il était difficile de se méprendre, donnèrent si fort à penser à Lescalopier, qu'il ne répliqua point; se demandant à lui-même ce qu'il devait penser de l'ouverture qui semblait lui être faite, il interrogeait autour de lui tous les visages pour voir s'il n'y lirait pas quelque encouragement à sortir de ce vague et à préciser plus nettement son bonheur. Tout à coup il se leva en s'écriant :

— Mon Dieu ! voici mademoiselle Nanette qui se trouve mal !

Et, en effet, la pauvre fille, résistant mal aux diverses émotions par lesquelles cette étrange conversation l'avait fait passer, était tombée en syncope, et, la tête renversée sur sa chaise, semblait un beau lys malade.

Madame Perdrigeon, dans un émoi qu'on peut se figurer, courut à sa fille chérie, et tout en lui donnant ses soins, qui ne tardèrent pas à la faire revenir, elle commença à quereller son mari qui ne savait, dit-elle, rien faire comme les autres, et qui, au lieu de traiter bonnement les affaires, voulait toujours y mettre des finesses qui tournaient ainsi qu'on le voyait en ce moment.

—Pouvais-je penser, répondit le mari ainsi interpellé, que cette petite fille avait appris au couvent ces manières de grandes dames, et d'ailleurs prends-t-en à ce sot de Lescalopier qui semble trouver plaisir à ne pas comprendre, et qui éternise une conversation qui se pouvait finir en deux mots.

— Voilà qui est un peu fort, s'écria alors le gantier, de vouloir que ce soit moi qui sois cause de la pamoison de mademoiselle Nanette!

— Eh! oui, sans doute, c'est votre faute, dit la mère, puisqu'elle vous aime comme une folle, et que l'idée d'être votre femme ou de ne la point pouvoir être, car je ne sais ce qu'elle a pensé, lui a tourné sur le cœur et l'a réduite en cet état.

— Et d'où savez-vous que mademoiselle Nanette m'aime? Je ne le sais pas, moi qui aurais dû cependant être des premiers informé à ce sujet.

—Et d'où savons-nous que vous l'aimez, vous? reprit Perdrigeon.

— Du moins ce n'est pas que je l'aie dit à elle ou à d'autres.

— Et non, vous ne le lui avez pas dit : vous êtes trop honnête homme; mais vous ne l'en aimez pas moins de tout votre cœur, et ce n'est certes pas moi qui vous en ferai un crime, puisqu'en vous donnant l'occasion d'être avec elle sans cesse, j'avais la volonté que les choses tournassent de la manière qu'elles ont tourné.

— A ce compte, vous me vouliez donc dès long-temps pour votre gendre? s'avisa enfin de demander Lescalopier.

— Hé! oui, simple que vous êtes, qui auriez dû flairer ce dessein dès la première parole que j'ai dite.

— Il n'importe, reprit en riant Lescalopier; si j'ai été dur à comprendre, je ne le serai point à accepter. Cependant, se prit-il à dire par réflexion, nous n'avons pas encore le mot de la personne que la chose intéresse le plus. Se tournant alors vers Nanette, qui avait repris ses sens, et ne conservait plus de son accident qu'un peu de langueur :—Mademoiselle, lui dit-il, vous avez entendu ce que vient de dire votre père, qu'il lui plaît que je sois son gendre; mais, pour cela, il faut que vous consentiez à être ma femme : puis-je croire que vous le voudrez?

Nanette baissa les yeux sans répondre, prit vivement la main de sa mère, et, se jetant dans ses bras, la tint long-temps embrassée. C'était là éloquemment parler; mais madame Perdrigeon ne tint pas l'explication pour assez claire. Prenant la parole pour sa fille, comme si celle-ci lui eût passé procuration :

— Nanette me charge de vous dire, fit-elle à Lescalopier, qu'elle vous veut bien pour mari, et que vous veniez l'embrasser.

— Ah! Maman, dit Nanette d'un ton de reproche.

Mais Lescalopier avait pris l'offre au sérieux, et, s'avançant près du frais visage de la jeune fille, il déposa timidement du bout des lèvres un baiser sur la joue qui lui était tendue un peu à regret et de profil.

Pour la troisième fois, voilà notre héros en bonne route de prendre femme. Nous verrons si cette fois mariage s'ensuivra.

X

Nous n'avons pas besoin de dire le ravissement dans lequel furent jetés les deux amans, par le subit accomplissement du désir secret qu'ils nourrissaient en leur ame. Le beau-père ayant fait mine de parler à Lescalopier des arrangemens d'argent qu'il comptait prendre et de la dot qu'il destinait à sa fille, le gantier ne voulut pas même lui prêter une minute d'attention, disant qu'il approuvait d'avance tout ce qui serait fait, et qu'il ne se souciait que d'avoir sa Nanette bien-aimée. Ensuite ce fut entre la jeune fille et lui d'interminables entretiens, pendant lesquels ils se rappelèrent avec délices les premiers mouvemens par lesquels ils s'étaient sentis entraînés l'un vers l'autre, avant même qu'il fût pour eux question de s'aimer. Puis ils parlèrent des doutes qu'ils avaient eus plus tard de voir leur passion partagée, et des tristesses que cette incertitude avait souvent mises en leur cœur, et des joies dont l'avaient rempli à d'autres momens quelques douces lueurs d'espérance venant briller à l'horizon de leur amour. Qui ne sait la tournure et la matière de ces causeries d'amans heureux, qui n'ont pas assez du présent et de l'avenir, et à qui il faut encore tout le souvenir du passé. En voyant ainsi s'ouvrir à lui sans réserve le cœur de sa jolie fiancée, Lescalopier put faire une comparaison du naïf attachement qu'elle lui témoignait, avec l'espèce de résignation protectrice que Louison avait mise, à une autre époque, à accepter sa main; et il n'est guère utile de se demander s'il se félicita que son mariage avec cette fille sans cœur eût manqué!

Il ne se consolait pas toutefois aussi facilement qu'il lui en eût coûté 24,000 livres pour se racheter de cette union mal assortie, et plus d'une fois depuis son retour à Paris il avait pensé à la manière dont il pourrait retrouver ses voleurs, en supposant, comme il était fort probable, qu'ils fussent venus s'y cacher; mais aucune lumière ne s'était encore manifestée pour lui à ce sujet.

Le dimanche de Pâques fleuri, de l'année 1663, c'est-à-dire un peu plus d'un an après l'époque où il avait fait la désastreuse rencontre de Louison, le gantier s'en fut avec sa fiancée et sa belle-mère entendre la messe à l'église Saint-Eustache, qui était sa paroisse, le magasin de Perdrigeon, chez lequel il logeait, se trouvant situé à l'extrémité de la rue Tiquetonne, où il était connu de père en fils depuis plus de cinquante ans.

L'usage était alors, comme il existe encore aujourd'hui, que, les jours de grande fête, la quête fût faite par quelque haute et puissante dame de la paroisse, que l'on choisissait, autant que possible, belle et avenante, étant de remarque que les pauvres s'en trouvaient mieux, quand une blanche main et un gracieux visage tendaient la bourse et intercédaient pour eux.

Au bruit que faisaient le suisse et le bedeau, en écartant la foule pour ouvrir le passage à la quêteuse du jour, dont les riches atours et la belle tournure attiraient tous les regards, Lescalopier ayant levé les yeux de dessus son livre, ne fut pas médiocrement surpris de reconnaître dans la dame de charité que l'on menait en cette pompe son ancienne fille de comptoir, la traîtresse Louison. Celle-ci ne le reconnut pas de même, parce que, n'ayant pas pu pénétrer jusqu'à l'endroit où il était assis, elle reçut de loin son offrande et presque sans le regarder.

Comme il était convenu que jamais cette femme ne se rencontrerait avec lui, qu'elle ne lui devînt l'occasion de quelque déboire, à la sortie de la messe, Lescalopier eut à essuyer une scène de jalousie que lui fit sa future. Celle-ci, en effet, avait remarqué l'attention extraordinaire que Lescalopier avait donnée à la quêteuse, et, ne pouvant attribuer qu'à la beauté de la dame le soin qu'il avait pris de se retourner deux ou trois fois pour la regarder, elle lui dit, les larmes aux yeux, que c'était commencer de bonne heure à lui être infidèle, que de ne pas attendre leur mariage, et, pendant tout le reste du jour, elle ne cessa d'être triste et rêveuse, quoi que fît le gantier pour la rassurer.

Il ne voulut pas cependant lui donner les explications qu'il aurait pu facilement lui fournir, son idée étant de ne pas en rester là avec Louison, mais bien de chercher à la rejoindre, pour lui faire rendre gorge de la somme qu'elle lui avait dérobée. Or, voyant l'imagination de Nanette si facile à s'enflammer, il craignit que, dans la poursuite à laquelle il allait se livrer, elle ne vît, au lieu de l'intérêt d'argent, un secret désir de ranimer l'ancienne liaison qu'il lui révèlerait : ce fut donc en grand secret et sans en rien dire à personne dans la maison de son beau-père, qu'il alla le jour même à la sacristie de Saint-Eustache, pour s'enquérir du nom et de la demeure de la dame qui avait quêté le matin.

Il n'apprit pas sans étonnement que celle dont il s'informait était femme du baron de Campagnac, et qu'elle était inscrite sur les papiers de M. le curé, entre les plus édifiantes et les plus charitables dames de la paroisse. Tout ceci ressemblait si peu au portrait de sa fille de boutique, s'enfuyant de nuit avec un voleur et dévalisant sa maison, qu'il eut quelque pensée de s'être trompé.

Cependant, comme le regret de son argent perdu lui tenait fort au cœur, non pas au moins qu'il fût intéressé et avare, mais parce qu'il aurait aimé à se trouver, par la restitution de cette importante somme, un meilleur parti pour sa chère Nanette, il résolut d'approfondir la chose, et pas plus tard que le lendemain il se présenta au logis de la baronne, pensant que, s'il lui parlait, tous ses doutes seraient aussitôt levés.

Soit que celle-ci fût réellement absente de chez elle, soit que sa porte eût été défendue, Lescalopier ne put parvenir à être reçu, et force lui fut de donner patience à sa curiosité. Toutefois, mettant à profit ce répit qu'il était obligé de prendre, il eut l'idée d'entrer en quelque boutique du voisinage, espérant qu'on lui donnerait là un avant-goût des renseignemens que lui-même ne pouvait immédiatement se procurer.

Ayant vu dans le comptoir d'une lingère une jeune femme d'une figure des plus engageantes, il résolut de s'adresser à elle, et, après avoir, fait emplette de quelques guipures (1), il lui demanda si elle connaissait dans le quartier madame de Campagnac, et ce que l'on en disait?

Justement, la marchande qu'il interrogeait n'avait point à se louer de la baronne, à laquelle elle avait fait plusieurs fournitures dont elle n'avait pu parvenir encore à obtenir le paiement. Il ne fallut donc pas la pousser beaucoup pour qu'elle dît de cette mauvaise pratique tout le mal qu'elle pouvait savoir. Elle la représenta comme une dévote de la plus méchante espèce, qui, tout en essayant de se faire passer pour une sainte, battait ses gens, ne payait aucun de ses marchands, et faisait pour sa toilette une dépense effrénée. Du reste, ajouta cette femme, qui, une fois engagée sur le chapitre de la baronne, ne tarissait plus, parce qu'elle avait à lui reprocher, outre les mémoires qu'elle laissait en souffrance, les façons hautaines dont à plusieurs reprises elle avait usé avec elle : — Il ne faudrait pas cependant qu'elle fît tant la fière, car on sait d'où sort cette grande princesse, qui était encore, il y a une année, une

(1) Dentelles de l'époque, redevenues à la mode aujourd'hui.

fille entretenue des plus mal famées, et certes il n'est pas que monsieur n'ait entendu parler d'elle sous son nom très-connu de Louison d'Arquien.

—Certes, reprit Lescalopier, ce nom est venu jusqu'à moi; et vous prétendez que la baronne de Campagnac et cette créature perdue ne seraient qu'une seule et même personne?

— Je fais mieux que le prétendre, car j'en suis sûre. L'année dernière, à peu près vers cette époque, elle quitta subitement Paris, et en même temps qu'elle ce Campagnac, qu'elle entretenait du produit de ses débauches, disparut après avoir, à ce qu'on assure, tout dévalisé chez elle. Depuis ils sont revenus, s'étant mariés, ce qui fit tomber le bruit du vol; et, ayant amassé, on ne sait comment, sans doute par le jeu et par le trafic des charmes de la dame, une espèce de fortune, ils commencèrent de faire dans le monde une certaine figure, la femme s'étant jetée dans la dévotion, et le mari se faisant appeler le baron de Campagnac et hantant la noblesse, qui lui fait l'honneur de venir en sa maison, où il tient académie de jeux et tripot.

Ces renseignemens, qui se parachevaient par

la connaissance des choses qu'il avait personnellement apprises, ayant montré clairement à Lescalopier quelle était la femme pour laquelle il s'était dévoué en tant de manières, il se sentit courir par le corps et par l'ame une sorte de frisson, à la pensée qu'il avait été sur le point de devenir le mari d'une pareille créature; et l'indignation de la manière odieuse dont elle l'avait joué fût en lui si grande, que sa première pensée, en quittant l'officieuse lingère, fut d'aller mettre son affaire aux mains d'un procureur, et de faire déposer une plainte contre le couple infâme qui s'était enrichi de ses dépouilles.

Deux considérations, toutefois, le retinrent. Il se dit à lui-même qu'avant de porter contre des gens une accusation aussi grave, il était au moins convenable de constater, comme disent les experts en matière criminelle, l'*identité* des coupables. Puis il songea que, si une fois la justice mettait le nez dans cette affaire, il pourrait bien, tout en obtenant le châtiment de ses voleurs, n'être pas aussi assuré de rentrer dans ses 24,000 livres, qui finiraient peut-être par passer en épices et à autres frais de procédure. Ces réflexions furent cause qu'il résolut de ne s'en remettre qu'à lui-même du soin de pousser cette affaire ; mais, ne voulant pas qu'elle souffrît un plus long délai, du même pas il retourna à la maison de Campagnac, où il insista de nouveau pour être introduit.

Le valet auquel il s'adressa lui affirma que ses maîtres n'étaient pas au logis, mais il lui dit que, s'il voulait venir à l'assemblée qu'ils étaient dans l'habitude de tenir tous les soirs, il les rencontrerait infailliblement, et de plus pourrait employer avec eux et une excellente compagnie qu'ils recevaient quelques heures à jouer, pour peu que ce passe-temps fût de son goût.

Ayant vu par les paroles du laquais de Campagnac que la maison de celui-ci, ainsi que le lui avait dit la lingère, était une sorte de maison publique, où, à l'heure des parties, on pouvait se présenter sans grande cérémonie, Lescalopier résolut de profiter de ce bon renseignement, et il se promit, dès le soir même, d'avoir une entrevue avec Campagnac et sa digne moitié.

En attendant l'heure de cette rencontre, qui ne laisse pas de devoir être curieuse, nos lecteurs ne seront peut-être pas fâchés d'apprendre au juste, et plus expressément qu'ils ne l'ont fait par les paroles de la lingère, la suite des évènemens par lesquels Louison et son cher amant avaient été amenés à prendre la posture où nous les voyons aujourd'hui.

Ainsi qu'on avait pu le soupçonner à la suite des renseignemens obtenus par la justice de Grenoble, Campagnac et sa complice avaient jugé prudent de passer la frontière et d'aller attendre à l'étranger que la première ardeur des poursuites se fût ralentie. Ayant poussé jusqu'à Turin, parce que l'on est toujours mieux caché en une capitale, ils s'y établirent dans une des premières auberges de la ville, et se mirent, aux frais de Lescalopier, à y vivre splendidement. Louison ne tarda pas à rappeler à son amant la promesse qu'il lui avait faite de la prendre pour épouse, lui disant que la Providence, en l'envoyant à elle au moment précis où elle allait s'engager ailleurs, semblait avoir voulu prendre à cœur ce mariage. Contre l'attente que, vu le caractère du Campagnac, on pourrait facilement s'en faire, celui-ci ne montra aucune intention de discuter sa dette. Superstitieux comme tous les joueurs, il avait remarqué que, depuis le jour où il avait mis la main au meurtre de sa maîtresse, tout lui avait mal tourné. En quelques semaines, la somme entière qu'il avait tirée des objets dérobés chez elle avait été dévorée par le lansquenet et la bassette, et jusqu'au moment où il avait rencontré Lescalopier, il avait vécu dans une gêne continuelle, allant de ville en ville pour tenter la fortune, la brusquant presque toujours, et s'exposant à tout moment à se brouiller avec la justice. Aussitôt, au contraire, que son étoile l'avait rapproché de Louison, la chance semblait avoir tourné; un bon coup s'était d'abord présenté à faire, et malgré les dangers dont avait paru vouloir se compliquer son entreprise, il l'avait menée à bien; se voyant aujourd'hui en argent, il n'était pas éloigné de croire que l'influence de Louison, dont l'heureuse destinée avait bien apparu dans le miracle par lequel elle avait été sauvée, avait amené la favorable révolution qui commençait à se faire dans sa vie. Il supputa d'ailleurs avec lui-même l'excellente ferme que cette fille avait accoutumé de tirer de ses charmes : or sa beauté n'ayant rien perdu de son ancienne valeur, il calcula très-sensément qu'au lieu de venir comme amant au partage que la courtisane voulait bien faire avec lui des dépouilles de ses galans, il en aurait comme mari la libre et entière disposition; il reçut donc de fort bonne grace la requête qui lui fut adressée par Louison aux fins de devenir sa femme, et un prêtre ne tarda pas à bénir l'union de ce couple si digne en tout point de s'entendre.

L'évènement ne démentit en rien les espérances que Campagnac avait eues de voir son mariage prospérer, car, comme il eut commencé de fréquenter les accadémies de jeux qui ne pouvaient manquer de se rencontrer dans une grande ville comme est Turin, il y fit de fort beaux bénéfices; en même temps, il attira doucement chez lui quelques gentilshommes savoyards des plus ingénus et des mieux cousus de pistoles, auxquels sa femme, sans s'avancer avec eux qu'à quelques bontés insignifiantes, sut adroitement en soutirer la meilleure partie. Étant ainsi fort chaudement remplumés et tout le souvenir du passé bien effacé entre eux, parce qu'il n'est tel pour le bonheur et la paix d'un ménage que l'aisance et des affaires en bon train, nos tendres époux avisèrent le passage par Turin de la duchesse de Casa-Bella, que son mari, ayant eu connaissance de son intrigue avec Roussi, ramenait en Italie pour la confiner en quelque château et peut-être l'y faire périr à petit bruit et tout conjugalement par le poison. Cette heureuse circonstance leur fit comprendre qu'ils pouvaient sans danger reparaître à Paris, qui est une ville dont les escrocs et les filles de joie ont le regret éternel quand ils l'ont quittée, parce qu'elle leur est vraiment une patrie; ils se hâtèrent donc d'en reprendre la route et y arrivèrent quelques semaines avant que Lescalopier lui-même s'y vînt établir.

Pour ne pas mentir à la lettre écrite lors de son départ, et pour donner à son aisance actuelle une légitime origine, Campagnac persista à dire qu'il venait de recueillir la succession de son père, et, pour plus de vraisemblance, changea son titre de chevalier en celui de baron, comme s'il eût hérité de ce titre en même temps que de la fortune paternelle. Quant à Louison, son retour ne fit pas précisément tout le bruit qu'elle avait d'abord imaginé; l'engoûment qu'elle avait excité parmi la jeunesse de la cour s'était porté ailleurs pendant son absence, et en outre la fin qu'elle avait faite en devenant la femme de Campagnac, quoique ne laissant pas supposer qu'elle dût être beaucoup plus cruelle que durant son célibat, constitua pour plusieurs de ses anciens amans un désenchantement dont elle put s'apercevoir au peu d'empressement qu'ils montrèrent de la revoir. Mais elle ne fit au fond que changer de clientelle, car les pieux appétits qu'elle avait commencé d'avoir à Grenoble, continuant à se montrer en elle, elle ne tarda pas à devenir pour l'église ce qu'elle avait été autrefois pour la cour; au lieu de passions à la dragone, elle eut de mystiques tendresses, de célestes ardeurs qui, pour n'être point redites aux échos des cabarets, n'en furent ni moins confites en plaisirs ineffables, ni moins richement récompensées que ses amours d'épée. Tout scandale ainsi supprimé de sa vie, elle put mener de front avec le culte du plaisir la pratique des bonnes œuvres, et ajuster avec une régularité tout en surface, qui la mit auprès des plus saintes personnes en une odeur de Madeleine repentie, de ces discrets et fructueux attachemens dont M. Tartufe sut résumer plus tard une si habile théorie. Ainsi engagée dans la pieuse milice des dévots, non seulement elle sut se parfumer d'une douce senteur de bonne renommée mais elle acquit une partie du crédit et de l'importance que l'affiliation à cette redoutable association ne manquait pas de prêter à chacun de ses membres; bref, pour nous servir de l'expression de Labruyère, elle commença de *fleurir et de prospérer à l'ombre de la piété*, comme jadis elle avait prospéré et fleuri an sein de la débauche ouverte et du désordre éhonté.

Nous n'oserions pas dire que l'amendement de Campagnac l'eût menée dans les voies d'une si grande perfection, et qu'on eût pu, comme l'aurait fort souhaité sa femme, en faire précisément un marguiller ; mais il consentit à paraître avec elle à l'église au moins les jours de grande fête, ne vola plus, et surtout ne tua plus, enfin, ne tricha plus au jeu que les jours où la fortune mettait une opiniâtreté extrême à déranger ses combinaisons. Pour ne plus avoir à fréquenter les tripots dont la compagnie ne parut plus supportable à un homme de bien et de condition comme il était devenu, de même que les buveurs de bonnes mœurs qui s'enivrent chez eux du vin de leur cave, et jamais au cabaret, il eut l'idée de donner à jouer dans sa maison, en ayant soin de n'admettre à son académie que des gens de qualité et des étrangers qui, en tout pays du monde, sont présumés être de noblesse pour le fait seul d'être venus de loin. C'est donc ainsi que le digne baron et sa chaste épouse menaient doucement leur existence et refaisaient leur considération qu'avait un peu altérée leur vie passée, quand Lescalopier vint à se retrouver sur leur chemin.

XI

Le soir étant venu, le gantier ne faillit pas à la promesse qu'il s'était faite de visiter ses *anciens amis*. Ayant été reconnu par le valet qui l'avait convié à venir, il fut aussitôt introduit dans un salon richement meublé où chacun étant occupé de son jeu, son entrée fut à peine remarquée. Le premier visage qui le frappa fut celui de son gentilhomme de Grenoble, c'est-à-dire de

Campagnac, fort actionné à *tailler* au milieu d'un groupe de joueurs auxquels il faisait une banque de *Pharaon*. Cela fut cause qu'il n'eut pas même à s'approcher de lui pour le saluer en sa qualité de maître de la maison, comme il aurait cru devoir faire en tout autre lieu.

Bientôt après il aperçut Louison, assise en un coin de la cheminée où elle causait d'un air très-animé avec un abbé, accoudé d'une façon toute galante sur le dossier de son fauteuil ; s'étant assuré qu'il ne se méprenait pas, il s'en fut droit à elle, et, lui présentant ses civilités, il lui demanda si elle le reconnaissait.

En le voyant, Louison changea de visage et balbutia quelques paroles par lesquelles, essayant de cacher son trouble, elle le faisait d'autant mieux voir. Elle parvint cependant à se remettre un peu, et demanda d'un air d'intérêt à ce visiteur qu'elle aurait voulu savoir au plus profond de l'enfer, s'il était depuis long-temps de retour à Paris.

J'y suis depuis quelques mois, repartit Lescalopier, et si je ne vous ai pas plus tôt donné de mes nouvelles, c'est que j'ignorais votre adresse, car vous ne doutez pas de l'empressement que j'aurais mis à vous visiter, ayant des affaires de la dernière conséquence à traiter avec vous.

En entendant ces paroles, l'abbé qui causait avec Louison s'écarta par discrétion et la laissa tête à tête avec le gantier.

N'ayant plus à craindre les révélations qui auraient pu la compromettre en présence d'un tiers, la baronne recouvra tout-à-fait son assurance et se prit à dire d'un air qu'elle tâcha de faire paraître le plus repentant qu'il lui fut possible : — Vous m'en avez bien voulu sans doute de mon brusque départ, surtout après l'obligeante proposition que j'avais reçue de vous; mais que voulez-vous, j'aimais depuis long-temps M. de Campagnac; étant venue à le retrouver, je ne sus pas résister à l'offre qu'il me fit de son côté de m'épouser.

— Vous n'avez pas à vous excuser, reprit Lescalopier, du parti que vous avez pris et dont j'ai tout lieu de me féliciter d'après les choses que j'ai sues depuis, mais vous avez, certes, commis une action méchante et diabolique, quand, en quittant, comme vous le fîtes, la maison d'un homme auquel vous aviez tant d'obligations, vous avez pu vous décider à lui dérober une partie de sa fortune et à vous l'approprier.

En voyant de quel côté allait tourner la conversation, Louison craignit quelque esclandre, et, se levant aussitôt, elle engagea Lescalopier à la suivre dans une chambre voisine où ils pourraient causer plus à l'aise et sans craindre d'être interrompus.

Résolue alors de payer tout-à-fait d'effronterie, elle commença de faire l'étonnée et de dire qu'elle ne comprenait rien à l'accusation qui était portée contre elle. Lescalopier ayant précisé les faits et montré qu'il savait tout ce qui s'était passé dans sa maison la nuit fatale où elle s'était enfuie, l'habile comédienne répondit à son accusateur que, d'après ce qu'il disait lui-même, d'autres personnes qu'elle et Campagnac avaient eu accès dans la chambre où était déposé son argent, et elle insinua que le domestique du chevau-léger pourrait bien être venu après leur départ et s'être rendu coupable de la soustraction dont il se plaignait.

Lescalopier ayant répondu qu'il n'était point dupe de ces défaites, et qu'il fallait que son argent lui fût restitué ou que la justice intervien-

drait, Louison commença à verser quelques unes
de ces larmes que les femmes de sa trempe ont
toujours à leur service, et elle dit en se lamen-
tant qu'elle voyait bien qu'un amant méprisé devenait l'ennemi le plus cruel qu'on pût se faire,
puisque, pour avoir été dédaigné par elle, Lescalopier maintenant voulait la perdre, quoiqu'il
n'eût à lui reprocher que le refus qu'elle avait
fait de sa main.

Le gantier repartit qu'il n'avait de vrai ressentiment que contre les voleurs qui l'avaient
dépouillé; mais Louison, appuyant sur le thème
qu'elle venait d'entamer, lui soutint que le désespoir d'un amour malheureux le poussait seul
à la menacer ainsi qu'il le faisait ; et elle ajouta
d'un air qui voulait dire beaucoup de choses,
qu'il était bien fâcheux à elle d'avoir fait son
choix du côté de Campagnac, qui ne la rendait
pas aussi heureuse qu'elle pouvait le désirer et
qui lui faisait souvent regretter de n'être pas
restée à Grenoble à jouir du sort tranquille qui
lui était offert.

A une autre époque, Lescalopier se serait
laissé prendre peut-être à ce piége qui était tendu
à son cœur et à ses souvenirs mais l'amour

qu'il avait pour l'aimable fille qu'il allait épouser lui donnait une clairvoyance qui lui avait manqué jadis, et dans les tendres ouvertures que venait de lui faire Louison, dans les regards langoureux qu'elle ne cessait de jeter sur lui, il vit très-clairement le dessein qu'aurait eu la chaste dame de lui sacrifier, s'il l'eût fallu, jusqu'à sa vertu pour peu que la pensée lui fût venue de se payer sur sa personne et de régler ainsi leur compte. Mais quand bien même notre Lescalopier n'eût pas été aussi sincèrement attaché qu'il l'était à sa future, et qu'il eût été homme à se rendre coupable de l'infidélité à laquelle on semblait le convier, il eût encore trouvé que les faveurs de Louison d'Arquien, estimées à 24,000 livres, étaient payées plus chèrement qu'elles ne valaient, et il n'aurait pas été assez simple pour donner quittance à ce prix. Aussi, n'ayant pas l'air de comprendre les avances de la dame, il répondit aux regrets peu sincères qu'elle témoignait de ne l'avoir point épousé, que, pour son compte, il ne se plaignait de rien de pareil, mais qu'il se plaignait très-haut et très-fort que la succession de son oncle eût été ainsi mise au pillage; qu'il fallait absolument la lui rendre, et que, si, le lendemain, sans faute, son argent n'était pas remis chez Perdrigeon, le rubanier, que Louison devait bien connaître, et chez lequel il logeait, il déposerait une plainte entre les mains de MM. du Châtelet.

Quand Louison vit que tout son manége était en pure perte et qu'elle n'avait plus aucune chance d'enlacer son ancien soupirant, elle changea de ton et lui dit qu'elle n'avait aucun souci de ses menaces; que d'ailleurs l'affaire qu'il était venu traiter regardait non pas elle, mais son mari; qu'elle allait le lui envoyer, et que peut-être il serait plus accommodant avec lui. Cela dit, elle sortit d'un air assez animé.

Comme elle fermait après elle la porte de la chambre, Lescalopier remarqua qu'elle donnait un tour de clé, et de fait s'étant approché pour ouvrir, il s'aperçut que la retraite lui était fermée et qu'il était retenu prisonnier. Cette circonstance l'émut un peu; car il savait quel homme c'était que le Campagnac dont Louison avait eu l'air de le menacer; il se trouvait là désarmé, dans une maison où devaient se réunir beaucoup de gens très-capables de prêter la main à un mauvais coup, et il n'y avait rien de bien invraisemblable à sa supposition que le mari de Louison, dans l'alternative de rendre l'argent qu'il avait pris, ou de voir porter plainte contre lui, essaierait de faire à celui qui le poussait ainsi un mauvais parti. Comprenant, mais trop tard, qu'il avait agi fort imprudemment en ne mettant pas quelqu'un dans la confidence de sa démarche, et en ne priant pas un ami de l'accompagner, il se mit en quête de quelque moyen d'évasion ; le courage, qui, certes, ne lui manquait pas, comme on a pu le voir, ne consistant pas à braver inutilement un péril certain quand on peut l'éviter.

Quand la porte est fermée, il faut sortir par la fenêtre ; s'étant approché de celle qui se trouvait dans l'appartement, Lescalopier remarqua qu'elle donnait sur un jardin, et que le treillage d'une vigne montant le long du mur, presqu'à la hauteur du balcon, lui formerait une espèce d'échelle naturelle par laquelle il pourrait descendre jusqu'à terre. Ne balançant pas une minute à prendre son parti, il se hâta de gagner au large par cette voie et de se soustraire ainsi au danger qui pouvait le menacer.

L'évènement prouva qu'il n'avait pas pris l'alarme sans raison, car, à peine avait-il touché le sol, que Campagnac, paraissant à la fenêtre, commença de lui crier sus, lui demandant si c'était ainsi qu'il soutenait ses dires, et s'il n'aurait pas le cœur de lui faire raison des impertinentes paroles qu'il venait de se permettre avec sa femme. Lescalopier ne s'étant pas mis en peine de répondre, mais bien de chercher l'issue du jardin, Campagnac montrant de plus en plus clairement son mauvais dessein, lui dit qu'il n'espérât pas de lui échapper, qu'il voulait absolument avoir affaire à lui, et que ses domestiques l'empêcheraient bien de s'esquiver. Et de fait, quittant la croisée et s'empressant de descendre, il n'aurait pas tardé à joindre le gantier, si celui-ci, plus heureux qu'il n'était d'ordinaire, ne fût parvenu promptement à s'esquiver et à sortir de la maison.

Arrivé chez son beau-père, où on lui demanda la raison d'une certaine émotion qui se remarquait en toute sa personne, Lescalopier, résolu de prendre conseil touchant les suites qu'il devait donner à cette affaire qui commençait à mal tourner, raconta son aventure et fut ainsi conduit à reprendre le récit de tous les faits qui avaient précédé, à partir de sa première rencontre avec Louison. Perdrigeon qui était homme de bon sens et fort entendu, blâma son gendre de ne pas l'avoir consulté plus tôt, disant qu'il aurait mieux valu perdre quelques mille livres, que de s'embarquer dans une lutte désespérée avec des adversaires de l'espèce de ceux qui venaient d'être dépeints. Lescalopier ayant répondu que Campagnac ne lui faisait pas peur, et que d'ailleurs la justice saurait bien avoir raison de lui, le rubanier lui fit observer que jamais, à moins de vouloir s'exposer à une foule de désagréables occurrences, on ne devait pousser à bout de tels misérables.—Que savez-vous? continua-t-il, s'ils ne méditent pas en ce moment de vous faire assassiner; le moindre malheur d'ailleurs qui puisse vous arriver, c'est qu'avertis du dessein que vous avez de porter plainte contre eux, ils disparaissent cette nuit même et se mettent hors de votre atteinte: en conduisant au contraire les choses avec plus de détours et de prudence, peut-être auriez-vous pu les amener à restitution sans vous faire d'eux des ennemis furieux.

Ces observations pleines de prudence ne furent pas très-goûtées de Lescalopier et du reste de la famille : tous se récrièrent fort contre le système de ménagement indiqué par Perdrigeon, disant que le gibier de potence qui figurait dans cette odieuse histoire devait enfin trouver son châtiment. A la suite d'assez longs pour-parlers sur ce sujet, qui occupèrent le reste de la soirée, on s'arrêta à l'idée d'aller consulter le lendemain, sur la marche qu'il y avait à suivre, un avocat de leurs amis, qui était fort honnête homme et de bon jugement. Quant à la bonne Nanette, elle éprouva à ces explications un grand soulagement, car la quêteuse, quelque chose que lui eût dite son futur, continuait de lui faire ombrage, et elle n'apprit pas sans une grande joie qu'elle était une malheureuse que Lescalopier ne pouvait pas même honorer d'un regret.

Le lendemain, d'assez bonne heure, Lescalopier et son beau-père se rendirent chez l'avocat ; mais ils ne purent le joindre, parce qu'il était sorti du grand matin, ayant une cause à plaider au parlement. Comme ils rentraient au logis, ils ne furent pas peu étonnés de trouver Nanette et madame Perdrigeon en larmes, et de les entendre dire à Lescalopier qu'il eût à se sauver sur le champ ou qu'il était perdu ; mais il n'eut pas même le temps d'entrer, au sujet de cette singulière menace, en quelques explications, car plusieurs soldats de la maréchaussée et un commissaire qui guettaient sa rentrée dans la rue envahirent presque aussitôt le magasin et lui exhibèrent un ordre de le conduire prisonnier au Châtelet.

XII

Il n'est guère besoin que nous disions à nos lecteurs la main qui avait porté ce coup. Troublé au milieu de la molle et tranquille béatitude qu'il était parvenu à se créer à force de crimes et d'infamies, le couple Campagnac n'avait pas vu sans une grande épouvante la subite apparition de l'homme qui, par ses révélations, pouvait en un moment renverser tout l'échafaudage de leur bonheur. Le sacrifice que Louison avait montré l'intention de faire de sa personne si son ancien, amant avait eu encore le goût de la posséder, témoignait assez de l'épouvante qu'il lui inspirait, et dans le stoïque refus qu'il fit des faveurs qui lui furent offertes se rencontra pour la baronne deux grandes raisons de vouloir le mettre à mal, à savoir la colère qu'éprouve toujours une femme à la perte de ses avances, et la crainte désespérée qui lui prit des indiscrétions de ce Joseph. Ayant tenu conseil avec son mari, la vertueuse dame opina d'abord pour la restitution de la somme qui était réclamée d'eux ; mais, outre qu'ils ne se trouvaient pas l'avoir en leur possession, ils ne purent se dissimuler que, même après s'être ainsi exécutés, ils n'en resteraient pas moins dans la dépendance du terrible dépositaire de tant de compromettans secrets. Force leur fut donc de se retourner d'autre manière, et alors vint à la pensée de Campagnac une ressource diabolique, à laquelle ils se résolurent de demander leur salut.

Louison, pour la tenir de Lescalopier, savait toute l'histoire de ses anciennes relations avec la famille Dupuis; elle savait aussi mieux que personne, pour en avoir été quasiment témoin, la manière dont ses relations s'étaient subitement rompues par le meurtre commis en duel sur la personne d'un des membres de cette famille. On ne s'étonnera donc pas que, dans la lutte acharnée qui s'entamait, Campagnac, auquel tout ce détail avait été dès long-temps conté par sa femme, ait eu tout d'un coup l'idée de faire revivre cette affaire et de prévenir par une contre-accusation celle qu'il redoutait de la part du gantier.

S'étant facilement procuré au palais l'adresse de Dupuis le père, qui, en sa qualité de greffier du parlement, y était connu d'un chacun, Campagnac, sans perdre une minute, se rendit à son logis, et lui annonçant que le meurtrier de son fils venait de reparaître à Paris, il l'engagea à déposer une plainte contre lui. Par le regret que le vindicatif vieillard avait de la perte de son fils et par le dépit qu'il avait du dédain que Lescalopier avait montré de la main de sa fille qui, depuis lors, n'avait pas encore trouvé un mari, il fut très-facilement entraîné à la démarche que l'on demandait de lui ; et vu le crédit dont ses fonctions le mettaient en possession auprès des gens de justice, il obtint facilement dès le lendemain qu'il fût procédé contre celui dont il se portait l'accusateur.

Pour la part qu'elle devait prendre à cette belle œuvre, Louison eut le soin de voir le comte de Roussi, qui n'avait plus aucune raison de lui vouloir du mal, la duchesse de Casa-Bella ayant quitté la France et cessé avec lui toute relation. S'étant rendue chez cet ancien galant, elle l'avisa que l'homme qui avait tué son intendant et qui en outre était détenteur du dangereux secret de la tentative de meurtre pratiquée autrefois sur elle, avait été récemment découvert à Paris, où il s'annonçait animé de desseins très-hostiles à la sûreté de Campagnac, et partant à celle du grand seigneur dont celui-ci avait été l'instrument. Ce renseignement, comme il ne manqua pas d'arriver, devait suffire pour allumer le zèle du comte et pour lui faire changer l'attitude insouciante qu'il avait tenue jusque là touchant à la triste fin de son intendant dont il était maintenant intéressé à poursuivre à outrance le meurtrier.

Il arriva de là qu'engagé avec la justice dans

une lutte des plus dangereuses, Lescalopier se trouva en outre y avoir pour adversaire un homme jouissant à la cour du plus grand crédit, et qui pouvait en toute convenance solliciter hautement contre lui, puisque celui dont il s'agissait de venger la mort avait été l'un de ses domostiques et l'intendant de sa maison.

Or, pour apprécier la grandeur du péril qui menaçait en ce moment notre ami le gantier, il faut se représenter qu'à cette époque la fureur des duels, qui depuis plusieurs siècles n'avait pas cessé d'être un fléau public, était encore ardente dans les habitudes de la noblesse, et que le roi régnant avait juré d'extirper cette sanglante manie.

Déjà il avait rendu à ce sujet des ordonnances très-menaçantes, mais tout récemment il en avait renouvelé les dispositions, que nous ne croyons pas inutile de citer ici.

A l'art. XIII de ces ordonnances (1), on lisait :
« Si, contres les défenses portées par notre
« édit, l'appelant et l'appelé venaient au combat,
« voulons et ordonnons qu'encore qu'il n'y ait
« aucun de blessé ou de tué, le procès criminel

(1) Ordonnance de Louis XIV pour les matières criminelles.

« et extraordinaire soit fait contre eux ; qu'ils
« soient sans rémission *punis de mort*, et que tous
« leurs biens meubles et immeubles soient con-
« fisqués. »

Pour mieux mesurer l'abîme où menaçait de s'achever la destinée de Lescalopier, il faut en outre savoir que le crime de duel passait alors pour plus irrémissible s'il était commis par un roturier que s'il était commis par un gentilhomme : « D'autant qu'il se trouve (disait en-
« core l'ordonnance précitée) des gens de basse
« naissance qui n'ont jamais porté les armes et
« qui sont assez insolens pour appeler (provo-
« quer) des gentilshommes, d'où s'ensuit des
« meurtres d'autant plus détestables, qu'ils
« proviennent d'une cause abjecte, nous vou-
« lons qu'en ce cas, si le combat est suivi de
« quelque grande blessure ou mort, lesdits igno-
« bles ou roturiers soient sans rémission *pendus*
« *et étranglés* et leurs biens confisqués. »

Il faut dire cependant que, malgré ces furieuses prescriptions, les menaces des édits étaient loin d'être toujours exécutées, et c'était sans doute à la connaissance qu'il avait de cette clémence tacite qui s'appliquait au crime dont il s'était rendu coupable, que l'on doit attribuer l'imprudence qu'avait faite Lescalopier de revenir à Paris : d'ailleurs, l'absence absolue des poursuites qui avait suivi cette affaire avait dû naturellement lui inspirer une dangereuse sécurité. Mais, se rencontrant en face d'un plaignant aussi redoutable que l'était le comte de Roussi, qui de plus se trouvait intéressé à ce qu'il disparût le plustôt possible, le malheureux ne tarda pas à s'apercevoir du faux calcul qu'il avait fait en comptant sur l'impunité; car, à la suite des démarches auxquelles se livra ce seigneur, et aussi par l'entremise de quelques dévots, qui, comme on sait, se mêlaient de tout à cette époque, et que les Campagnac trouvèrent facilement le moyen d'intéresser à cette poursuite, son procès fut suivi avec la dernière rigueur.

XIII

Afin que les témoins ne manquassent pas, le comte de Roussi engagea lui-même le gentilhomme qui avait servi de second à Dupuis à se constituer prisonnier, et à charger Lescalopier, lui promettant bien qu'il saurait, aussitôt après l'arrêt rendu, l'empêcher d'être considéré comme complice, bien qu'il eût prêté son assistance à la rencontre.

Reconnu par cet homme, le gantier n'eut pas le courage de nier, et il avoua ingénument le crime qu'on lui reprochait, s'excusant seulement sur l'horrible provocation dont il avait été l'objet ; mais dans la lettre et dans l'esprit de la loi aucune excuse n'était admissible, et il se vit bientôt dans un extrême danger d'être envoyé au gibet.

Résolu toutefois de vendre chèrement sa vie, et ne doutant pas que les Campagnac ne fussent les auteurs de son malheur, Lescalopier n'ayant plus rien à faire pour sa défense, s'occupa de ne point les laisser tranquillement recueillir les fruits de sa mort, et il forma contre eux, en quelque sorte, une action reconventionnelle, les accusant du vol qu'ils avaient pratiqué en sa maison, et de plus il dénonça le meurtre que Campagnac avait commis à Grenoble sur la personne du chevau-léger.

La bonne foi que le bon jeune homme avait montrée à se reconnaître coupable du fait dont il était prévenu, jointe aux instances que fit faire auprès du juge-commissaire le prévôt des marchands, qui était des amis particuliers de Perdrigeon, donna une grande créance à ces révélations, et, au moment où il s'y attendait le moins, comptant que le comte de Roussi et les intrigues de toute la gent dévote l'empêcheraient d'être chagriné, le couple Campagnac fut arrêté dans son domicile, et conduit au Châtelet.

Confronté avec Lescalopier, Campagnac nia le tout effrontément et ne parut nullement s'émouvoir de la menace que lui fit le juge de le présenter à la question; mais quand, à son tour, Louison se trouva en présence de celui qui lui avait sauvé la vie et qu'elle avait si mal recompensé; quand, avec une éloquence naturelle qu'il puisait dans le calme de sa conscience et dans l'horreur des infâmes trahisons dont cette femme n'avait cessé de le faire l'objet, il vint à lui reprocher sa détestable ingratitude, elle perdit toute contenance, répondit avec embarras aux questions dont le juge la pressait, et le laissa presque persuadé de la vérité de toutes les charges que le gantier avait portées contre elle et son mari.

Au moment où il y pensait le moins, un renfort arriva à Lescalopier. Quelque temps avant le malheur qui était venu le frapper, il avait écrit à dame Ursule, sa servante de Grenoble, qu'il était sur le point de contracter un mariage avec une jeune personne contre laquelle elle n'aurait certainement aucune des préventions, si bien justifiées, qu'elle avait d'abord éprouvées au sujet de Louison ; qu'il contait bien n'être pas long-temps sans avoir des fruits de cette heureuse union, et qu'il voulait absolument qu'elle vînt pour former au ménage sa jeune épouse, qui y serait des plus empruntées, et pour élever ses enfans. Au reçu de cette lettre, qui avait réveillé l'attachement que cette fille avait toujours porté à un si bon maître, elle s'était mise en route pour Paris, et, étant arrivée au milieu du procès qui s'instruisait, elle était venue par son témoignage, qui ne pouvait nullement être suspect, puisque Lescalopier n'avait eu aucun moyen de communiquer avec elle, confirmer tous les dires de celui-ci.

Cette intervention inattendue acheva de gâter les affaires de Campagnac, et, par une sentence du Châtelet il fut condamné pour crime de duel, et aussi comme atteint et convaincu d'avoir commis de nuit, par escalade, un vol dans une maison habitée, à faire amende honorable, et ensuite à être pendu jusqu'à ce que mort s'ensuivît. Quant à Louison, dont la participation au second de ces crimes n'était pas aussi clairement établie, elle fut condamnée à être renfermée pour le reste de ses jours dans le couvent des *Filles de la Madeleine*, où l'on gardait les femmes de mauvaise vie, et à y faire une très-dure pénitence de ses désordres passés.

Mais ce procès, dont Paris tout entier avait fini par être occupé, présentait cette singularité, qu'accusateurs et accusés devaient également passer par les mains de la justice, car le crime dont Lescalopier était prévenu étant prouvé par son aveu même et par témoins, le tribunal, quelqu'intérêt qui s'attachât à lui, après la révélation qui avait été faite de son généreux dévoûment à sauver Louison, et de toutes les traverses qui en étaient résultées pour lui, ne put s'empêcher d'appliquer la loi, et une sentence de mort fut pareillement rendue contre lui.

Des deux parts il y eut appel de la sentence au parlement, et pendant le sursis que procura aux condamnés cet appel, la situation de Campagnac ne fit qu'empirer, car on prit le soin d'écrire à Grenoble, où l'on obtint les renseignemens les plus positifs sur la vérité de l'accusation portée contre lui, en sorte que le bourreau n'eut plus qu'à préparer la corde qui devait faire rendre sa vilaine ame à Satan.

Pour ce qui est de Lescalopier, la question de son appel fut plus difficile à trancher, et n'eût été la nécessité où se croyait le parlement de faire un grand exemple, tant de sollicitations vinrent en sa faveur et il se recommandait si bien par lui-même à la clémence de ses juges, que la sentence qui le condamnait eût été sans aucun doute réformée.

Jamais les magistrats n'avaient senti plus cruellement les sévères exigences de leur auguste ministère que le jour où ils mirent l'appellation du malheureux au néant, et décidèrent par respect pour l'inviolable sainteté de la loi que le jugement serait exécuté.

L'infortuné jeune homme reçut d'un sang-froid et d'un courage admirables l'annonce de sa fin prochaine, et comme on lui eût demandé s'il désirait que ses amis, qui avaient demandé à le voir avant sa mort, fussent admis auprès de lui, il répondit qu'il craignait que cette entrevue n'affaiblît sa résignation : il pensa d'ailleurs devoir épargner à l'aimable fille dont il avait espéré devenir l'époux, la poignante douleur d'adieux si déchirans ; il demanda seulement qu'il lui fût permis d'écrire, ce qui lui fut facilement accordé.

La populace parisienne, qui, à toutes les époques, s'est montrée fort friande de ces sortes de spectacles, n'avait pas eu depuis long-temps une pareille aubaine, car il fut décidé qu'en deux jours le bourreau fonctionnerait deux fois ; le Campagnac devait ouvrir la marche, et Lescalopier, dont la sentence avait une date postérieure, devait suivre le lendemain.

Le jour venu, Campagnac ne démentit pas le caractère audacieux qui avait été celui de toute sa vie ; il marcha fièrement au supplice, refusant d'écouter le prêtre qui l'assistait ; et quand il fut rendu à la place où il devait mourir, et qu'il vit la foule qui se pressait pour assister à sa piteuse fin, il dit tout haut qu'il trouverait bien moyen de lui faire pièce, et qu'elle ne l'aurait pas ce jour-là. Et, en effet, ayant demandé que l'on reçût des révélations qu'il dit être de la dernière importance, il fut sursis à l'exécution, et étant resté enfermé plus d'une heure avec le juge qui avait instruit le procès, et qui vint pour recevoir sa confession, il fut reconduit en prison, au grand désappointement de toute cette masse de peuple qui était charitablement venue pour jouir de la laide grimace qu'il devait faire sur le gibet.

Cette même journée, qui était la dernière que Lescalopier dût passer en ce monde, fut par lui pieusement employée à recevoir les consolations de la religion. Sur le soir, ayant pris quelque nourriture, il demanda qu'on lui procurât de l'encre et des plumes, et écrivit la lettre suivante à sa chère Nanette, qu'il avait réservée pour être sa dernière pensée avant son dernier sommeil.

« Chère mademoiselle,

« Au moment de paraître devant Dieu, j'éprouve une grande consolation à vous avoir aimée d'un attachement assez pur pour que je ne craigne pas de mêler votre image aux idées chrétiennes qui doivent occuper un homme aussi près que je le suis de ma fin. Le bonheur que je m'étais promis de l'union qui devait être entre nous m'a été subitement ravi, et il doit paraître bien dur, à un malheureux qui n'avait eu que de bonnes intentions de voir que par le fait de son dévouement il soit conduit à une si lamentable destinée. Mais ayant foi, comme je l'ai, à une autre vie, je ne suis point découragé par là, et la chose serait encore à faire que je ne me conduirais pas, à ce qu'il me semble, autrement que j'ai fait. J'aurais été bien heureux, quoique je sache que vous ne tenez guère à ces avantages, et que d'ailleurs vous n'en avez pas besoin, de pouvoir faire mon testament en votre faveur et vous laisser héritière de tout mon bien, mais la sentence rendue contre moi porte que mes meubles et immeubles seront confisqués, et ma volonté, tout écrite qu'elle soit, ne se trouverait pas exécutée.

« Je puis bien fermement assurer que personne ne vous aimera jamais de la force et de l'ardeur que j'ai fait; mais ce n'est point là une raison pour rejeter les partis qui s'offriront à vous : il faut qu'une fille se marie, et quant après un peu de temps donné au regret que votre bon cœur pourra avoir de moi, il se présentera un honnête homme qui aspire à votre main, je vous exhorte de ne pas le refuser, d'autant mieux qu'il ne vous défendra pas de me laisser une petite place dans votre souvenir, dont je pense en effet qu'il serait bien difficile que je sorte tout-à-fait. Remerciez bien à mon nom votre père de toutes les bontés qu'il a eues pour moi, et dites à madame Perdrigeon que, pour n'avoir pas été son fils, je ne l'aimais pas moins comme une tendre mère, à laquelle je rendais toute l'affection qu'elle me témoignait. Pour vous, Nanette, mon épouse bien-aimée, car je puis vous donner ce nom, je puis bien dire que le plus grand bonheur que j'aie éprouvé dans le monde m'est venu de vous et de l'attachement que vous avez bien voulu avoir pour moi. Ce bonheur a été court; mais nous ne sommes pas sans doute séparés pour toute l'éternité, et moi qui regarde déjà un peu dans l'autre monde, je sais bien que nous nous reverrons et que je pars seulement pour vous attendre. Vous voyez donc bien qu'il ne faut pas prétendre que le Ciel est injuste, puisqu'une vie sage et honnête donne de semblables espérances aux mourans. C'est dans une telle pensée que je veux finir cette lettre, et vous dire de recevoir le dernier adieu de votre meilleur ami.

« FRANÇOIS LESCALOPIER. »

XIV

Après avoir mis ainsi cette dernière main aux soins terrestres de sa vie, le courageux jeune homme s'endormit d'un sommeil tranquille, et il ne s'éveilla que le lendemain au bruit que fit son confesseur en entrant dans sa prison. Ayant remis la lettre qu'il avait écrite aux mains de ce père spirituel, il commença de s'entretenir avec lui sur des matières relatives au salut, après quoi Lescalopier entendit la messe et reçut là dernière absolution. Onze heures et demi étant sonnées, et la chose étant pour midi, l'exécuteur entra et engagea le condamné à descendre dans le parloir de la geole, où devaient se faire les derniers préparatifs. L'infortuné, s'il pouvait y avoir là pour lui quelque soulagement à son triste sort, put s'apercevoir de l'intérêt et du respect que son malheur inspirait, car le bourreau lui-même le traita avec des ménagemens et des égards inaccoutumés, et partout sur son passage il ne voyait que des gens pleurant en lui disant adieu. Quand il entra dans le lieu où devait se faire sa dernière station, une nouvelle preuve de la bizarrerie de son étoile et une preuve aussi de la prespicacité de la justice humaine se trouva devant ses yeux, car parmi le détachement de maréchaussée qui attendait pour l'escorter il reconnut celui qui lui avait servi de second dans ce duel qu'il allait payer de sa vie, en sorte que de deux hommes qui avaient commis de communauté un crime, l'un, et certes le meilleur, était envoyé au supplice, l'autre ayant mission de l'y conduire, de bien garder qu'il ne s'échappât.

Par un rapide coup d'œil et par un signe presque imperceptible, Lescalopier rassura son complice, qui ne devait pas être sans quelque appréhension de le voir parler, et rien ne retardant plus le départ, on se disposait à se mettre en marche, quand tout à coup le morne silence de cette agonie vint à être troublé par le bruit de voix qui retentirent au dehors et par plusieurs coups vivement frappés à la porte près de laquelle le cortége funèbre était rassemblé. Le geolier ayant ouvert, une jeune fille, suivie à grand'peine par un homme d'un certain âge, se précipita pâle et haletante au devant de Lescalopier, et d'une main le tenant fortement embrassé comme voulant dire qu'il était à elle et qu'on ne le lui enlèverait plus, de l'autre elle tendait, pour qu'on le prît, un parchemin revêtu du sceau royal, et qui devait regarder le condamné; l'officier de maréchaussée qui avait ordre de le conduire s'étant avancé, ouvrit ce parchemin, et, s'étant découvert y lut que le roi, par une clémence toute spéciale et sans tirer à conséquence pour l'avenir, y faisait remise à Lescalopier des peines portées contre lui, et le rétablissait dans l'état où il avait été avant sa condamnation ; aussitôt il dit tout haut le contenu de ces lettres d'abolition, et cette heureuse nouvelle ayant été accueillie par toute l'assistance aux cris de vive le roi! ce fut à qui détacherait les liens par lesquels les bras du patient étaient retenus, et alors à son tour il put presser sur son cœur ceux qui lui apportaient la vie.

Nos lecteurs n'ont pas, certes, besoin que nous leur disions que cet ange sauveur était Nanette Perdrigeon, à laquelle peut-être ils avaient intérieurement, et d'une façon fort considérée, reproché l'inaction où, d'après notre récit, elle semblait être restée. Insouciante et inactive, la pauvre fille! quand, depuis le moment où avait été rendue la sentence contre Lescalopier, elle n'avait pas eu une minute d'indécision et de répit, quand elle n'avait cessé de répéter qu'elle voulait absolument aller parler au roi, qu'il le fallait, qu'elle lui parlerait ou mourrait plutôt.

Malheureusement, grâce aux barrières que l'étiquette et l'importance des subalternes savent élever entre les souverains et leurs sujets, il est souvent plus facile à quelques uns d'entre eux de mourir que de rompre cette sombre inviolabilité du sanctuaire royal; et, malgré les démarches sans nombre, qu'aidée de son père, cette courageuse enfant avait faites, elle était arrivée jusqu'au soir précédent sans pouvoir obtenir accès à la cour.

On se rappelle que, ce jour-là, Campagnac, ayant esquivé provisoirement la corde, avait demandé à faire des révélations. Ces révélations étaient plus graves qu'on n'aurait pu le supposer. Furieux contre le comte de Roussi de n'avoir point été par lui sauvé, ce misérable avait tout simplement raconté au juge la tentative de meurtre commise sur Louison par lui et par Dupuis, à l'instigation de ce seigneur, auquel il était bien aise, pour se venger, de laisser en mourant cet embarras.

Ces renseignemens avaient jeté tout à coup, pour le juge, une grande lumière sur cette affaire dont, par l'ignorance où Lescalopier avait toujours été des assassins de Louison, il n'avait pas bien pu jusque là démêler la logique et l'enclouure : il comprit alors que du meurtre tenté sur la courtisane était sorti le dévoûment de Lescalopier, de son dévoûment, ses tristes relations avec cette fille et les crimes commis à Grenoble, et enfin le double procès de Paris.

Tout ceci ne laissait pas de former contre le comte de Roussi des charges assez graves, et comme le magistrat dont il est ici question, était un homme intègre, pour lequel la considération du rang et de la haute fortune était de peu quand il s'agissait de rendre bonne justice, il fit décréter contre Roussi, qui n'échappa que par la fuite à la prise de corps lancée à son adresse.

Ce nouvel incident ayant causé plus de bruit encore que tous ceux qui avaient précédé, parce qu'il se passait en plus haut lieu, la famille du comte était accourue auprès du roi auquel on avait cru devoir faire part de l'affaire, et l'avait supplié d'ordonner qu'il ne fût point donné de cours aux poursuites. Le roi, par la grande affection qu'il avait pour cette famille des Roussi dont plusieurs membres l'avaient glorieusement servi, était assez porté à l'indulgence, d'autant qu'en définitive le meurtre de Louison n'avait pas été consommé, et que, dans tous les cas, il n'y aurait pas eu un grand mal à ce qu'une si misérable créature disparût de ce monde. Mais, d'un autre côté, quelque chose lui disait en l'ame qu'il ne pouvait sans injustice penser à innocenter le comte, quand en même temps il laisserait périr un pauvre diable dont le crime était venu d'une action honorable et courageuse qu'il avait faite : il répondit donc à ceux qui le sollicitaient qu'étant obligé par respect pour la loi qu'il avait rendue lui-même, de laisser périr ignominieusement le gantier, il ne pouvait penser sans inconséquence à faire grace au comte, qui s'était rendu coupable d'une très-blâmable violence, parce qu'on ne manquerait pas de dire que sa justice avait deux poids et deux mesures: l'une pour la bourgeoisie et l'autre pour la noblesse, ce qui serait d'un très-mauvais effet.

Comprenant sa pensée, les Roussi calculèrent que le salut de leur parent était étroitement lié à celui de Lescalopier ; ils cherchèrent donc un moyen de sauver celui-ci, et rien ne leur parut plus sûr pour arriver à cette fin que d'émouvoir par quelque intervention bien attendrissante la compassion royale à son endroit.

Dans ce but, un des membres de la famille, le soir même qui précéda le jour fixé pour l'exécution du gantier, se rendit chez Perdrigeon, et lui dit qu'il devait essayer, avec sa fille, de parvenir jusqu'au roi, et demander la grace de son gendre qui, selon toute apparence, lui serait accordée.

Perdrigeon ayant répondu que tous leurs efforts pour être admis à se jeter aux pieds du souverain avaient été inutiles, l'officieux conseiller se fit fort de leur faire obtenir une audience, et, le lendemain matin étant venu prendre le père et la fille, il les conduisit à Saint-Germain, où était alors la cour, et les fit adroitement trouver sur le chemin du monarque.

En cette occasion, on vit bien de quelle résolution peut rendre capable un grand amour, car se trouvant en présence de Louis XIV, dont la figure et les manières majestueuses imposaient à tous ses courtisans, la jeune fille, partout ailleurs empruntée et timide, n'hésita pas à se jeter au devant de ses pas, et ayant embrassé ses genoux, éleva courageusement la voix pour demander la grace de son fiancé. Le roi s'étant enquis de ce qu'était cette enfant et de ce qu'elle lui voulait, comme on lui eût dit qu'elle était la promise de ce marchand de Grenoble dont il avait signé l'arrêt de mort, il crut sortir d'embarras en disant que cette affaire ne le regardait pas, mais bien son parlement. Mais sans se payer de cette défaite, Nanette lui répondit qu'elle savait mieux la loi qu'il ne croyait; que le parlement condamnait, mais que le roi faisait grace, et qu'il n'avait pas certes renoncé à ce droit, qui était le plus beau joyau de sa couronne.

— Je ne saurais accorder aucune rémission pour crime de duel, repartit alors le roi, ayant juré de maintenir sans amendement aucun la rigueur des édits.

— Maintenez-la, Sire, dit alors Perdrigeon prenant la parole, pour vos gentilshommes toujours prêts à mettre l'épée à la main, et dont cependant beaucoup échappent à cette rigueur de la loi, mais pour un pauvre bourgeois qui avait exposé la veille sa vie en empêchant un grand crime et qui le lendemain ne fit que céder au juste ressentiment d'une poignante offense, que servira sa mort pour l'exemple, si l'on pense qu'étant du peuple, il n'a pu rencontrer aucune indulgence, et qu'étant de noblesse il l'eût obtenue?

Il y avait dans l'appréciation probable du refus qu'il ferait de sauver cet homme, auquel on lui avait dit que tout le commerce parisien s'intéressait vivement, quelque chose de trop vrai et de trop énergique pour que l'esprit si politique de Louis XIV n'en fût pas très-fortement frappé. Il releva donc avec bonté la suppliante et lui dit : — Calmez-vous, mon enfant, nous verrons à arranger cela.

— Ah ! sire, s'écria Nanette, il n'y a plus de temps à perdre, car on le conduit mourir tout à l'heure, et peut-être il sera trop tard.

A quoi tiennent les choses de ce monde ! Au moment où les amis de Lescalopier vinrent se jeter sur le passage du roi, il sortait de chez La Vallière, avec laquelle il s'était tendrement expliqué à la suite d'une brouillerie qui avait eu lieu entre eux. Il résulta de cette circonstance que son cœur, inondé de la joie de ce raccommodement, fut plus facilement accessible à la compassion. Dans la disposition d'esprit où il se trouvait, la courageuse instance de cette jeune fille qui lui redemandait son amant, fut par lui mieux appréciée et comprise; pensant d'ailleurs qu'en se départant pour le condamné de l'inflexibilité de la loi, il aurait la liberté de suivre son inclination à donner contentement à la famille de Roussi, il accorda la grace et ordonna que les lettres en fussent expédiées sur l'heure.

Nous ne dirons pas, ce qui serait bien inutile, l'ivresse que le retour de Lescalopier causa dans toute la maison de son beau-père ; mais il faut mentionner la part que prit à son salut tout le quartier, qui vint pour le féliciter et qui s'en réjouit comme d'un bonheur public.

Ayant été décidé, à la suite de l'élargissement de Lescalopier, que les poursuites cesseraient en même temps contre Roussi, Campagnac n'étant plus nécessaire à l'instruction de ce procès, désormais fini, fut de nouveau conduit à la potence, d'où cette fois il ne revint pas.

Quant à Louison, il était écrit que le comte lui serait fatal. Le fait de la violence commise sur elle par ce seigneur, même après que Campagnac eut parlé, avait été connu de peu de personnes, étant resté entre le magistrat, le roi, les ministres et la famille de l'inculpé. Craignant que Louison ne vînt à l'ébruiter tout-à-fait plus tard, le comte, pour éviter qu'elle ne parlât, lui fit secrètement proposer de la faire évader du couvent où elle était détenue, si elle voulait passer aux colonies. Cette offre ayant été acceptée avec empressement, la recluse arriva sans encombre à La Rochelle, où elle s'embarqua pour le Canada ; mais, après quelques jours de route, le vaisseau qu'elle montait fut assailli par une furieuse tempête, et s'abîma au milieu de l'Océan : ainsi, la destinée de Louison était bien de mourir par les flots, et tous les obstacles et les détours qu'on put y mettre, fut de lui changer l'eau douce, où elle avait été si près de périr, en eau salée.

Après avoir été l'un des hommes les plus difficiles à marier que l'on ait jamais rencontrés, Lescalopier finit par épouser sa chère Nanette, et lors du bal qui eut lieu à l'occasion de son mariage, il soutint dignement la réputation de danseur expérimenté que nous l'avons vu conquérir au commencement de cette histoire. La popularité que lui avait procurée son malheur, bien loin de se perdre, s'accrut si bien, que l'année suivante il fut nommé échevin à l'élection. Il n'eut de cette nomination que l'honneur, le choix qu'on avait fait de lui n'ayant pu tenir, parce qu'il n'était pas né à Paris ainsi que l'exige expressément la charte de la ville; mais on n'en vit pas moins par là la grande estime où il était parmi le commerce et les bourgeois, et d'ailleurs il fut amplement dédommagé de ne pouvoir siéger à l'Hôtel-de-Ville par le présent que madame Lescalopier lui fit, vers cette même époque, d'un bel enfant du sexe masculin qui fut tenu sur les fonts de baptême par M. et madame Perdrigeon, et qui eut dame Ursule pour gouvernante, ainsi qu'il avait été convenu.

FIN.

www.ingramcontent.com/pod-product-compliance
Lightning Source LLC
Chambersburg PA
CBHW071330150426
43191CB00007B/677